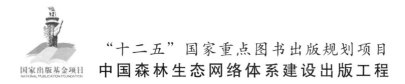

"十二五"国家重点图书出版规划项目

中国森林生态网络体系建设出版工程

广州现代林业发展战略

Modern Forestry Development Strategy for Guangzhou

彭镇华 等著

Peng Zhenhua etc.

中国林业出版社

China Forestry Publishing House

图书在版编目（CIP）数据

广州现代林业发展战略 / 彭镇华等著 . —北京：
中国林业出版社，2014.6
"十二五"国家重点图书出版规划项目
中国森林生态网络体系建设出版工程
ISBN 978-7-5038-7060-6

Ⅰ.①广…　Ⅱ.①彭…　Ⅲ.①林业经济–经济发展
战略–研究–广州市　Ⅳ.①F326.276.51

中国版本图书馆 CIP 数据核字（2013）第 107642 号

出版人：金旻
中国森林生态网络体系建设出版工程
选题策划　刘先银　策划编辑　徐小英　李伟

广州现代林业发展战略
统　　筹　刘国华　邱尔发
责任编辑　刘先银　李　伟

出版发行　中国林业出版社
地　　址　北京西城区刘海胡同 7 号
邮　　编　100009
E - mail　896049158@qq.com
电　　话　（010）83225108
制　　作　北京大汉方圆文化发展中心
印　　刷　北京中科印刷有限公司
版　　次　2014 年 6 月第 1 版
印　　次　2014 年 6 月第 1 次
开　　本　889mm×1194mm　1/16
字　　数　162 千字
印　　张　10
彩　　插　16
定　　价　89.00 元

序
FOREWORD

随着我国经济社会的快速发展和城市化进程的加速，建设生态城市、宜居城市，推动城市和谐发展，已成为我国城市可持续发展的重要方向。森林作为陆地生态系统的主体，在改善城市生态环境中具有不可替代的重要作用。加大城市森林建设力度，加快城市林业发展步伐，也已成为我国城市可持续发展的重大举措。

《广州市现代林业发展战略》是我国首个在城市群层面上进行的城市林业发展战略规划，提出未来把广州建设成为森林绿群山、森林靓珠水、森林绕名城、森林保良田、森林护碧海的现代化大都市。在城市群层面上，运用点、线、面相结合的森林生态网络体系理论和林水结合的城市林业建设理论，确立了"建设岭南绿色名城，打造南粤生态家园"的理念，提出了广州林业建设布局和建设构架。

《广州市现代林业发展战略》经过 40 多位专家的深入调查研究，提出"在生态广州建设中赋予林业以首要地位，加快发展生态林业以保障南粤生态安全；在文化广州建设中赋予林业以基础地位，加快发展人文林业以弘扬岭南森林文化；在经济广州建设中赋予林业以重要地位，加快发展多效林业以推动广州绿色 GDP 增长"的指导思想；提出了"构筑生态廊道，优化森林网络；发展近自然林，提高资源质量；活跃森林旅游，繁荣特色产业；加强灾害监控，保障森林安全；传承岭南文化，建设森林城市"林业发展总体目标；采用定量与定性相结合，确定了 12 项发展指标，并首次定量确定了林水结合度、森林自然度、林分定向改造率等体现"林网化 – 水网化"的城市林业发展指标。

紧密围绕广州市总体发展目标，与相关部门的规划充分衔接，提出了广州林业未来发展的十大重点工程，并针对"十一五"时期以"绿色亚运"为核心的建设需求，编制了林带建设与天台绿化、森林公园和生态旅游建设、湿地及沿海防护林保护与建设、生态公益林保育等八项重点林业工程。从制度政策、人力资源、资金投入、科技创新等方面构建了广州林业发展保障体系。

　　《广州市现代林业发展战略》是在《广州市现代林业发展规划》的基础上修改而成，是我国首个在城市群层面上进行的城市林业发展战略规划，也是科研与生产实际、与社会发展需要、与政府紧密结合的项目。本论著是以彭镇华教授为首的项目组专家经过深入研究的成果荟萃，是全体项目领导和专家集体智慧的结晶，本书出版将为相关城市林业建设提供可借鉴的依据，也必将推动我国城市林业的建设和发展。

前　言
PREFACE

　　改善生态环境、建设绿色广州，实施城市林业发展战略，是广州市委、市政府贯彻党的十六届五中全会精神和《中共中央 国务院关于加快林业发展的决定》，实施可持续发展战略，建设社会主义新农村、构建和谐社会的重大决策，也是广州建设"经济中心、文化名城、山水之都"，打造"适宜创业发展和适宜生活居住"的现代化城市的一项战略举措。

　　城市森林是城市生态系统的重要组成部分，是城市有生命的基础设施。充分发挥森林在改善城市光、热、气、水、土等方面的巨大功能，对于保障让城镇居民喝上干净的水，呼吸上清洁的空气，吃上放心的食物，住上舒适的环境，建设和谐城市，具有不可替代的作用。加快城市林业发展，对建设以森林植被为主体的城市生态安全体系，优化人居环境，具有重要的现实意义和深远的历史意义。

　　广州是国务院颁布的全国第一批历史文化名城之一。经过多年林业各大工程的实施，广州市林业取得了很大的成绩：林业用地全面实现有林化，早在20世纪90年代初就已经实现林业用地全面绿化、有林化；森林质量不断提高，森林的林龄结构、树种结构得到了有效地调整，公益林面积由1996年的26.8%提高到2005年的53.2%；林业产业发展迅速，速生丰产林、经济林、绿化苗木产业、野生动植物驯养繁殖等基地建设成效显著；森林游憩产业发展迅速，林业管理逐步现代化，建立了森林公园和风景林环境监测网络，在资源管理上逐步走向现代化。广州林业建设在保障城市生态安全、改善城乡人民生活方面发挥了巨大的作用。尽管如此，现实与需求相比依然存在一定的差距，改革开放以来，珠江三角洲创造了经济发展的奇迹，但同时也面临着许多突出的生态环境问题，特别是在大气污染、酸雨、水污染等问题还比较突出，农业生态环境受工业的污染，森林资源质量和游憩林资源总量与人们对生态环境的客观生态需求差距较大。同时，2010 年亚运会在广州举办，"绿色亚运"是广州 2010 年亚运会的重要主题，加快广州城市林业建设促进了亚运会的成功举办，也带动建设"绿色广州""绿色广东"，使广州乃至中国在世界上树立良好的形象。因此，2004 年，广州市政府决定加快广州城市森林建设，对广州林业发展规划立项，面向全国进行招标，旨在借鉴国内外先进经验和成果，对广州市林业重新定位，提出广州现代林业建设的总体规划与布局及其分阶段目标和具体的实施措施，从技术、政策法规和运行机制等方面探讨建立广州城市林业发展的保障体系，力争使广州成为我国南部沿海经济发达地区城市林业建设的试验示范样板。2004 年 9 月 20 日，广州市委托广州市正阳招标采购服务中心面向全国进行招标，中国林业科学研究院作为参加竞标的单位之一，参与项目招标并中标，开始承担广州城市林业发展规划的编制。

为了科学实施广州城市林业建设工程，按照广州市政府的部署，2004 年广州市林业局委托中国林业科学研究院编制《广州城市林业发展规划》包括概念规划和专项规划。

本概念规划主要依据《中共中央 国务院关于加快林业发展的决定》、国务院《关于印发中国 21 世纪初可持续发展行动纲要的通知》《广东林业生态省建设规划（2005~2020）》《珠江三角洲区域协调发展规划》《珠江三角洲环境保护规划纲要（2004~2020）》《广州市城市总体规划》《广州市城市生态可持续发展规划》《广州市土地利用总体规划（1997~2010）》编制。规划以 2003 年为基期，重点明确广州城市林业发展的指导思想、建设原则、总体布局、发展目标、重点工程。

著者
2012 年 10 月

目 录
CONTENTS

第一章　广州市林业发展背景分析

一、森林在城市和谐发展中的作用

近年来，我国城镇化进程明显加快。2003 年年底，我国共设城市 660 个，设镇 20226 个，城镇人口数量增加到 5.2376 亿，城镇化率达到了 40.53%，比 1998 年提高了 10 个百分点。

城镇化的快速发展也带来了严重的环境问题。据国家环保局统计，我国有 1/4 的人没有洁净的饮用水，1/3 的城市人口不得不呼吸被污染的空气。世界上 10 个污染最严重的城市中国占 5 个。城市周边地区、道路沿线地带生产的食品也因为环境污染而存在极大的安全隐患。如何解决这些问题是摆在我们面前的一项艰巨任务。

林业作为生态环境建设的主体，是统筹人与自然和谐发展的关键，在改善城市生态环境中的作用尤为重要。因此，城市林业建设已经不仅仅是一个单纯的绿化美化、占用土地与否的问题，而是事关城市生态安全以及周边地区农业食品安全、影响陆地生态系统整体生态功能的大问题，与人的身心健康、生命安全紧密相关。

（一）森林改善城市生态环境

城市森林具有多种生态功能，主要表现在以下方面：

（1）改善小气候，缓解热岛效应：大面积的森林能有效地冷却空气和促进空气流动，改善城市小气候状况可有效地缓解热岛效应和温室效应。测定表明，广州市内大型公园绿地日平均气温比未绿化居民区低 2.1℃，日最高气温低 4.2℃，而相对湿度绿化区平均比未绿化区高 9%~15%，最大可达 23%。

（2）减轻空气污染：树木等绿色植物能稀释、分解、吸收和固定大气中的有毒有害物质，再通过光合作用形成有机物质，化害为利或者把有害物质固定在植物体内。据分析，当植物处于 SO_2 污染区时，含 S 量可为正常含量的 5~10 倍。在广州的测定表明，绿地对降尘的净化效率可达 26%~80%。

（3）固碳放氧：有关资料表明，地球上 60% 以上的 O_2 来自陆地上的植物，1 公顷公园绿地每天能吸收 900 千克的 CO_2 并释放 600 千克的 O_2，因此，城市森林对平衡大气中的 CO_2 和 O_2 具有重要作用。

（4）减弱噪音：在城市环境中，噪声污染不容忽视，它会严重影响居民的身心健康。许多研究表明，密集和较宽的林带（19~30 米）结合松软的土壤表面可降低噪音 50% 以上，如能合理设计，即使仅 6 米宽的林带对降低噪音污染仍有一定效果。

（5）杀菌除尘：城市中一切裸露的土地加以绿化后，不仅可以改善地上的环境卫生，而且也能改善地下的土壤卫生。森林释放的负离子，对人体呼吸和血液循环是十分有益的，能有效起到降尘、灭菌的作用，并能调节人体的生理机能。有绿化植物存在的地方，空气、土壤和水体中的有害细菌都会大为减少。1 公顷的松柏林一天能分泌 36~60 千克的杀菌素，并能扩散到周围 2 千米的地区。通过 30~40 米宽的林带后，1 升水中所含的细菌数量比不经过林带的减少 1/2。

（6）减轻土壤重金属污染：重金属是城市土壤的主要污染源之一，目前国内外的相关研究均表明，利用树木、森林对城市地域范围内的受污染土地、水体进行修复是最为有效的土壤清污手段，建设污染隔离带与已污染土壤片林，不仅可以减轻污染源对城市周边环境的污染，也可以是土壤污染物通过植物的富集作用而使其生产与生态功能得以恢复。

（二）森林益于市民身心健康

城市是人口最为集中的地方，城市森林建设与城市居民的身心健康、生命安全紧密相关，完善的城市森林可发挥巨大的社会效益。城市森林的多少、生态环境的好坏不仅关系着人们的生活质量，也影响人类生命的质量。良好的森林生态环境可以使人赏心悦目、心旷神怡、增进健康、益寿延年，对个人、对社会都有极大的利益。

研究表明，长期生活在城市环境中的人，在森林自然保护区生活 1 周后，其神经系统、呼吸系统、心血管系统功能都有明显的改善作用，机体非特异免疫能力有所提高，抗病能力增强。

森林对人的心理健康会产生积极的影响。森林的绿色视觉环境，对人的心理产生多种效应，带来许多积极的影响，使人产生满足感、安逸感、活力感和舒适感。据测定，人在林区比在城市每分钟脉搏可减少跳动4~8次，皮肤温度降低1~2℃。在人的视野中，绿色达到25%时，就能消除眼睛和心理的疲劳，使人的精神和心理最舒适。森林中的特殊气味具有消除疲劳和心理不安的作用，这种"绿色效应"不完全是心理上的感觉，还与植物所发出的清香气息对调节人体内的激素分泌有关。

森林植物种类繁多，形态、色彩、风韵、芳香变化创造出赏心悦目、千姿百态的艺术境界，在体现着自然节律的同时，为城市带来生命的气息，也为人们提供走进自然、亲近自然的场所。人们在森林中体验自然，感悟自然，陶冶了情操，也提高了生态意识。

此外，配置合理的城区森林公园，在意外灾害（如火灾、地震等）出现的紧急情况下，还可为市民提供临时的避灾场所。

（三）森林促进城市经济发展

城市森林具有多种类型，能为社会提供丰富的林产品，特别是花卉和苗木已经成为许多城市周边地区的支柱产业。同时，随着城市化进程的加速和居民生活水平的提高，人们渴望回归到森林中旅游观光、休闲健身、亲近自然，这种绿色消费已开始成为时尚，能为社会创造可观的经济效益。更为重要的是，城市森林已成为城市品牌和城市品位的重要象征，对提高城市综合竞争力和优化投资环境具有重要作用，并带动旅游、房地产等相关产业的发展，为城市的发展带来具有巨大的经济效益。

我国经济的发展，环境问题的突现，使人们更加关注发展中的环境代价。一场推动"绿色GDP"的行动也正在国家有关部门的积极倡导下展开，作为其核心内容的"森林资源纳入绿色GDP核算"已经先行开展。城市森林带来的间接经济效益比直接经济效益大得多，能显著提高城市绿色GDP。据测算，美国城市中，1亿棵成年树每年可节电300亿千瓦时，相当于节省20亿美元的能源消耗；广东省345万公顷生态公益林仅在吸收CO_2、释放O_2、涵养水源与调节水量、保持水土、生态旅游5项指标中，5年内新增的生态效益就达670亿元，投入产出比高达1:36。

二、国外城市林业发展启示

城市是社会发展的必然产物,城市林业是城市发展的必然结果。目前,60 多亿的世界人口有一半生活在城市。城市化的发展一方面给社会带来了巨大进步,另一方面也产生了许多生态环境问题,这些环境问题的根本解决都与林业生态建设密切相关。"把森林引入城市,让城市拥抱森林"已成为人们的迫切需要,城市森林建设已经成为世界现代城市建设的重要内容和重要标志。

(一)城市林业的产生和发展历程

随着城市化进程的加速,在给居民带来信息便捷、工作高效、生活舒适等诸多便利的同时,城市大气、噪声、酸雨、土壤等污染问题也日益严重,不仅危害人们的身心健康,而且逐步成为对城市社会、经济可持续发展的障碍。因此,城市森林建设引起社会的极大关注。

1962 年美国政府在户外娱乐资源调查中,首次使用"城市森林"(Urban forest)一词,及 1965 年加拿大多伦多大学 Erik Jorgenson 首先提出"城市林业"(Urban forestry)的概念,标志着城市林业作为一门新兴交叉学科正式产生。

1970 年,美国成立 PinZhot 环境林业研究所,曾三次召开城市林业会议。1972 年,美国国会通过《城市森林法》。第十届世界林业大会把城市林业纳入会议议题,国际树木栽培协会召开了城市林业会议。1973 年,国际树木栽培协会召开了城市林业会议。1978 年,国际树木栽培协会成立了一个城市林业委员会。从 1978 年以来,美国举行了 35 次全国城市林业会议,研究城市林业的发展。加拿大于 1979 年建立第一个城市林业咨询处,1981 年创办了《城市林业》杂志。德国于 1975 年通过《联邦自然保护法案》,该法案的实施有效地防止了城市周围绿带和森林被开发破坏。现在许多大城市,如法兰克福、斯图加特、慕尼黑、纽伦堡等,城市周围都保留有大面积的绿地和森林。1987 年,英国提出"伦敦森林"计划,此后,英国普遍承认并接受了"城市林业"这个名词。挪威、丹麦、俄罗斯、日本、奥地利、瑞典等很多国家也都陆续开展了城市森林的研究。

迈入 21 世纪,世界各国在城市林业发展上提出了新的思路和目标。许多现代化城市紧紧围绕建设城市生态环境、增强城市可持续发展能力这一主题,把建设城市森林作为实现这一目标的重要途径。波兰的华沙城市近郊建设有近 7 万公顷的城市森林,人均绿地面积 80 平方米。阿根廷的布宜诺斯艾利斯,建有长 150 千米、宽 115 千米的环城森林绿带。在美国的洛杉矶、纽约、亚特兰大,日本的东京,韩国的首尔、釜山,印度的新德里等城市,也都正在把建设城市森林作为新世纪城市发展的重要内容。

(二)国外城市林业发展的启示

从当前国外城市林业建设现状看,虽然各个国家的国情不尽相同,城市林业发展水平各异,但在实践中有许多成功的经验值得我们借鉴。

1. 城市林业发展规划的制定是城市林业建设的关键

为了改善城市生态环境、满足市民户外游憩的迫切需要,许多国家的大中城市都结合城市规划制定了相应的城市林业发展规划。规划的制定一方面保证了城市林业成为城市建设的重要内容,同时规划的稳定性也确保了城市林业建设的持续健康发展。例如,德国的科隆市,100 多年来始终把绿地作为城市的骨架,一直在进行城市规划和建设;苏联于 20 世纪 60~70 年代就完成了经营城市林和市郊林的规划体系,目前仅莫斯科就有 11 个天然林区,84 个公园、720 个街道公园、100 个街心公园,这些森林和绿地总面积占市区面积的 40%。

2. 城市森林成为城市基础设施的重要组成部分

现代城市发展趋势表明,城市基础设施建设不仅仅是传统意义上交通、住房等灰色空间的扩展,还应该包括以森林、水为主体的绿色空间、蓝色空间建设。国外城市森林的快速发展,得益于其对城市森林的科学定位,即把城市森林作为城市基础设施重要组成部分,进行统一规划建设。如美国、德国、英国等国家,许多城市在经济支出预算中,每年按国民生产总值一定的比例投入到城市森林的建设中,以达到改善城市生态环境的目的。

3. 近自然林模式是城市林业建设的主导方向

城市林业建设的根本任务就是要改善城市生态环境和满足人们贴近自然的需求,因此近自然林的营造和管理是城市林业建设的方向。目前,美国、英国等许多国家的城市林业建设都体现了近自然林的理念。日本学者宫协昭提出利用乡土树种,模仿天然森林群落营造近自然林,称为"宫

"协昭造林法"，被广泛接受。韩国在进行公园设计时，根据不同城市不同群体居民的需求，在公园中营造生态区，即采用近自然的手法，进行营造和管理，有闹中取静的效果。同时，许多国家注重河岸植被得到很好保护，水岸绿化贴近自然。

4. 法律法规的制定和实施是城市林业建设成功的保证

在许多国家，除了以法律形式保证规划的实施外，还通过法律形式对城市绿地进行保护。英国是城市绿化实行法制最早的国家，1938 年就颁布了《绿带法》。该法规定：在伦敦市周围保留宽 13~24 千米的绿带，在此范围内不准建工厂和住宅。日本 1962 年制定《保护树木法》，1973年公布《城市绿地保护法》，规定工厂、医院、学校中的绿地应占总面积的 20%~30%。新加坡要求所有的广场都要有 30%~40% 的绿地；新修建的道路必须要有 4 米宽的隔离带、2 米宽的侧方绿化带；次级的道路也要有 1.5 米宽的侧方绿化带。

5. 群众或社团组织积极参与是城市林业建设的动力

一些国家在发展城市林业时，群众组织和积极分子发挥了重要作用。美国 1986 年有 5900 个支持发展城市林业的团体。洛杉矶市的 1 名城市林业积极分子，发起建立"树木之人"组织，负责当地的植树和树木管护工作，1984 年为了支持召开奥林匹克运动会，植树 100 万株。英国提出"伦敦森林"计划，目的是发动伦敦居民参与植树，提高伦敦人对首都树木的责任感与感情，鼓励社会参与投资来种植及养护首都的树木。

6. 经济投入是城市林业建设的保障

许多国家十分重视对城市林业建设的投入，部分国家还通过立法使城市林业建设的投入常规化。美国在 20 世纪 70 年代，制定了法律，正式将城市林业隶属于农业部林务局管理，并完善了法律内容，解决市民植树技术和资金方面的困难。据统计，美国 1977~1981 年的城市绿化建设投资占国民生产总产值的 0.06%~0.12%，每年约 20 亿美元，1990年，美国农业部建立了林业基金专户，以保证城市林业计划的顺利实施，还成立了全国性的城市和社团林业改进委员会，拨专款促进城市林业计划的实施。日本 1972~1983 年的城市绿化建设投资占国民生产总值的 0.03%~0.08%。法国 1980 年的绿化建设投资已达 30 亿法郎，占国民生产总值的 0.11%。

7. 城郊森林对控制城市的无序扩张发挥了重要作用

城市化的快速发展对城市建设用地产生了前所未有的巨大需求，一方面单个城市的规模不断扩大，城市周边的土地被大量的转化为城市建设用地，另一方面卫星城的不断出现也加剧了城市地区的用地矛盾。国外许多城市的周围都保留有大片的城郊森林，对控制城市的无序发展，促进现代城市空间扩张由传统的摊大饼式向组团式方向发展，发挥了限制、切割等重要作用。在伦敦市周围保留的 13~24 千米宽绿带，有效地控制了建筑用地的无限扩张，对于形成伦敦沿河呈条带状串珠式的城市发展格局奠定了基础。

三、国内城市林业发展启示

随着我国城市化进程的加快，城市所面临的环境问题日益突出，加强城市森林建设，成为改善城市生态环境的迫切要求。进入新世纪，国家对城市林业发展日益重视。在近期完成的"中国可持续发展林业战略研究"中，"城市林业发展战略"被确立为中国可持续发展林业战略的重要组成部分。2003 年在《中共中央 国务院关于加快林业发展的决定》中，将城市森林建设作为我国今后林业发展的主要任务之一，强调"城市绿化要把美化环境与增强生态功能结合起来，逐步提高建设水平"。

（一）我国城市林业发展历程

我国城市林业发展始于 20 世纪 80 年代末。1989 年中国林科院开始研究国外城市林业发展状况。1992 年中国林学会召开首届城市林业学术研讨会。1994 年中国林学会成立城市林业研究会，中国林科院设立城市林业研究室。1995 年全国林业厅（局）长会议确定城市林业为"九五"期间林业工作的两个重点之一。

近年来，我国的城市森林建设取得了很大的发展。20 世纪 90 年代，吉林省长春市率先开展森林城建设，随后安徽合肥、辽宁阜新、湖南娄底等城市纷纷制定森林城建设规划，另外，我国很多城市，如北京、上海、南京、广州、大连、厦门等，都把发展城市绿地空间尤其是城市森林建设放到重要位置，城市森林建设已经成为城市生态环境建设的主体，城市整体的生态环境得到明显改善。

（二）我国城市林业建设问题分析

近年来，我国许多城市的绿化建设取得了可喜成绩，但同时也存在许多不容忽视的问题和误区，突出表现在如下几个方面：

1. 城市林业发展规划滞后

城市林业发展规划是城市生态环境建设的重要环节。我国城市生态环境问题逐渐突出，其中的一个重要原因是城市生态规划缺乏或滞后，特别是城市林业建设规划缺乏。新中国成立以来，我国城市由于片面追求城市经济的快速发展，城市发展规划忽视城市生态环境问题，这样就不可避免的出现城镇生态环境建设发展规划滞后，城市绿地系统比例不足，城市林业建设一直处于"亡羊补牢"的被动防守局面。

2. 城市绿地空间利用率低

近年来，我国城市绿化建设取得了很大成就，城市绿地面积不断增加，但绿地空间占有率低的问题十分突出。首先是一些城市片面追求视觉效果，重雕塑、广场，轻绿化，致使生态绿地比重不足。其次是城市绿地结构不合理。这主要体现在我国许多城市在相当一段时间，一直热衷于草坪建设，盲目引进"洋花洋草"，呈现草坪多、乔灌木少的趋势，致使绿地层次结构单一，生态效益低下。第三，在城市树木管理过程中，对城市树木，尤其是行道树，习惯于2~4米截干，过于强调修剪造型，不仅浪费劳动力，更主要的是大大降低了树木的生态功能。

3. 城市森林培育技术不合理

从我国当前城市森林建设看，培育技术不合理主要体现如下几个方面：其一是急功近利，盲目移栽大树。大树移栽多采用截干移栽的做法，不仅破坏树木本身的健康，大大降低其生态功能，增加了造林成本，而且破坏大树原生地的生态环境。其二是树种选用不当。城市森林建设中注重引用"高品位"、高价格的外来树木，没有从适地适树的角度选择造林树种，忽视乡土树种的使用。其三是植物配置不合理。城市绿地建设过程中，不注重丰富多彩的乔、灌、草的植物群落配置，物种和生态系统单一，城市森林生态系统稳定性差，生态功能不高。

4. 城市林业管理机制不健全

随着我国城市林业的发展，城市林业管理机制的问题逐渐凸现出来，主要表现在城市林业经营管理方面的法制不健全，管理机构不协调。应制定相关的法律、法规,逐步将城市森林的规模、分布、质量和功能以及管护经营利用等纳入法制的范畴。将城市林业效益补偿及维护、发展资金来源渠道等纳入法制轨道,以确保城市林业有良好的社会环境。另外,为了克服我国传统的城市绿化建设管理机制的诸多弊端,亟待建立统一的城市林业管理机构。

(三)我国城市林业建设的趋势

随着我国城市林业的发展,群众和政府的重视及受国外先进建设技术和思想的影响,我国城市林业建设也逐渐步入快速、正常发展的轨道。综观我国当前城市状况,城市林业建设呈现如下趋势:

1. 推进可持续发展是城市林业建设的重要目标

随着我国林业发展从传统的木材生产向为社会持续提供生态服务转变,城市森林作为城市有生命的重要基础设施,其提供生态环境和社会服务的重要性和功能已得到社会和群众的广泛认同,"城市林业发展战略"已被确立为中国可持续发展林业战略的重要组成部分。在城市林业建设过程中,通过合理的城市森林布局和科学的经营管理,为城市发展提供良好的生态环境,提升城市形象,优化城市品质,促进并维持城市所在区域经济、社会的持续发展。

2. 以人为本的发展观是城市林业建设的主题

城市森林建设的宗旨是以人为本,改善城市环境,为居民提供舒适健康的生产生活环境。城市林业建设注重提高生态功能的同时,越来越重视满足城市居民的游憩、娱乐、身心健康等需求,在城区片林、城乡结合部绿带、郊区森林公园、风景名胜区等建设中,从宏观布局、树种选择、植物配置、管理方式等各个环节充分体现森林环境、森林美学、森林文化等多种服务功能。

3. 经济发展和政府重视是城市林业建设的主要动力

纵观我国城市林业发展历程,城市林业率先在我国经济发达地区的城市兴起,并在政府高度重视下得到迅速发展。1996年以来,广东先后在广州、中山、东莞、珠海、深圳等多个城市制定了以建立城市森林体系为中心内容的城市林业规划,上海、北京把城市林业作为改善人居环境的一项重大工程,进行规划和实施。通过营造城市森林,建设城市"绿肺",形成与城市相适应的城市森林体系,改善城市生态环境,保障城市经济社会与环境的可持续发展。

4. 群众积极参与是城市林业发展的重要活力

随着城市居民生活水平的提高，人们在满足生活物质需求的基础上更加注重城市的居住环境，城市林业的生态、社会功能也进一步被人们所加深认识和理解，人们对城市林业的需求也变得更为渴望。城市居民意识到自己不仅仅是城市林业的受益者，同时也是城市林业的建设者。因此，近几年来，群众及一些社会组织都更加自觉和积极的投入到城市林业的建设，参加全民义务植树、种草、种花，爱护绿色，保护绿色，积极参与社区绿化的经营和管理。

5. 林水结合是城市林业建设的核心理念

森林是"城市之肺"，而河流、湖泊等各类湿地是"城市之肾"，城市区域内的森林和水体对城市生态环境有着重要影响，是城市生态环境建设中两个非常主要的环节，两者不可分割。林水结合，符合中国人多地少、城市周围以农田为主及城市森林有限的市情；它与国家政策相符，农民易于接受；有利于农民增收，农业产业结构调整；林网组成类型多样，功能效益完备；有效改善环境，促进生物多样性保护。因此，在城市生态环境建设中，"林网化—水网化"的建设理念逐渐被人们所广泛接受，成为我国城市林业建设核心理念。

6. 城郊（乡）一体化布局是城市森林建设的方向

建成区向郊区发展的城市森林建设模式将成为主流。随着城市化进程的加速，城市居民亲近自然、回归自然心理需求日益增强，以人工为主的城市绿地难以满足改善城市整体环境质量的需求，城市森林的发展将打破以往在城市建成区范围内的建设思路，根据城市生态环境建设的需求，模拟和再现自然山林环境，并从大环境森林生态系统的整体性、协调性和区域性来考虑，融城市人工林地和城市郊区、卫星城镇、中心村自然林地或绿地于一体，在整个城市行政管辖范围内全面构筑完善的城市森林生态系统。

7. 个性化发展是城市森林建设的追求

森林是人类文明的摇篮，森林的盛衰与人类文明的进程息息相关。我国自然条件各异，城市类型多样，许多城市历史悠久，文化内涵丰富。在城市森林建设过程中，各地非常注重建设具有地带性群落特征的城市森林，并与城市的历史文化、森林文化、民风民俗特色相结合，与城市居民审美观和自然观相协调，建设个性化的城市森林。

8. 高新技术的应用是城市林业发展重要支撑

城市林业的建设是一项系统的工程，许多高新技术已在城市林业建设中得到有效的利用。运用"3S"和计算机技术对城市林业规划设计，对城市森林资源管理和监测，火灾、火险、及病虫害的预测预报；运用生物技术工程进行城市适宜绿化材料的定向选育等。高新技术的应用，为城市林业的发展提供了重要支撑。

四、广州市林业建设与珠江三角洲城市群发展

（一）珠江三角洲自然环境

珠江三角洲，位于北纬 21°31′~23°10′、东经 112°45′~113°50′ 之间，地处广东省中南部，濒临南海，是我国南亚热带最大的冲积平原，土地面积 4.17 万平方千米，占广东省的 23.19%。

该地区属亚热带海洋季风气候，雨量充沛，热量充足，雨热同季。年日照为 2000 小时，四季分布比较均匀。年平均气温 21.4~22.4℃，年平均降水量 1600~2300 毫米，受季风气候影响，降水集中在 4~9 月。冬季盛行偏北风，天气干燥；夏季盛行西南和东南风，高温多雨。

珠江三角洲地貌复杂，总体上为三面环山的平原地貌。地带性土壤主要为发育于砂岩、页岩和花岗岩母质上的赤红壤和红壤。

地带性植被为南亚热带季风常绿阔叶林。由于人类活动频繁，区域内原生植被几乎破坏殆尽，天然次生阔叶林也保存较少；大部分是马尾松、湿地松、杉树、桉树或相思树等单优势种人工林。森林覆盖率为 49.9%，低于广东省的平均水平（56.7%）。

广州市位于珠江三角洲北部边缘，东、西、北江汇合处，北依白云山等山地，南临珠江口。土地总面积 7434.4 平方千米，占珠三角土地面积的 17.8%。地势从东北向西南倾斜，东北部是山区、中部为丘陵台地，南部属珠江三角洲平原。

从水系、植被、气候、土壤等多个自然因素的特点来看，珠三角作为一个相对独立的生态单元，生态建设必须整体考虑，以利于实现生态建设的一体化。

（二）迅速崛起的珠江三角洲城市群

1. 珠江三角洲城市群在全国的地位

改革开放以来，随着我国经济的快速发展，城市化进程不断加快。到目前，我国已形成三大城市群，即珠江三角洲城市群、长江三角洲城市群、京津唐环渤海湾城市群，它们已成为我国经济实力雄厚、发展潜力巨大、对我国现代化建设举足轻重的地区（表1-1）。广州、上海和北京是三大城市群的重要代表城市。

表1-1　2000年我国三大城市群地区基本情况及主要经济指标比较

地区	面积（平方千米）	人口（万人）	城市数（个）	副省级以上城市数（个）	城市化水平（%）	GDP（亿元）	人均GDP（元）	地方财政收入（亿元）	GDP占全国比重（%）
珠三角	54747	2563.6	9	2	45	7522.4	29343.3	521.0	8.4
长三角	100167	7504.8	15	4	41.2	15350.8	20454.7	787.4	17.2
京津唐	184957	6781.6	10	2	32.9	8261.0	12181.6	357.1	9.2

资料来源：《2001年城市统计年鉴》。

长江三角洲、珠江三角洲、京津唐地区是我国发育较早的三大城市群。由表1-1可知，珠江三角洲在地域面积、人口数量最小，城市化水平最高，人口密度仅次于长三角；从经济发展总量水平看，长三角具有明显的优势，珠三角只达到长三角地区一半的水平；从经济发展人均水平看，珠三角处于领先地位。从总体上分析，三大城市群中，长三角的总体实力最强，其次是珠三角，京津唐地区最弱。在三大城市群中，以珠三角城市群最为成熟。

珠江三角洲城市群发展迅速。改革开放以来，珠江三角洲成为我国最有活力的地区。人力资源优势和优惠的税收政策吸引了数千家国内外企业到这里投资建厂。广东生产的商品和提供的劳务已占全国总量的10%，货物出口量占全国出口总量的40%，吸引的外资占全国的1/3。在过去20多年中，珠江三角洲城市由5个增加到26个。珠江三角洲已经成了举足轻重的世界性计算机生产基地。香港和澳门回归之后，与大陆的边界变得更加开放，珠江三角洲在紧密地结合成一个特大城市。

珠江三角洲城市群经济实力较强。珠江三角洲土地面积仅占全省的23.19%，占全国的0.43%，2000年该区域国内生产总值（GDP）分别占全省的74.95%，人均GDP达17792亿元，城乡居民储蓄存款余额占全国的 10.3%，达到 6639.64 亿元，成为全国较为富裕的地区之一。

2. 珠江三角洲城市群内部的发展态势

珠江三角洲地区历来是我国的富庶之乡，改革开放以来成为我国最具活力的经济区域之一，城市高新技术产业发展迅猛，外向型经济比较发达，已经成为中国经济版图上最亮的"闪光点"和世界上吸引力较高的重要都市圈之一。

到 2000 年，珠江三角洲城镇人口为 2952.22 万人，占全区总人口的 72.53%，是广东省乃至全国城镇化水平最高的地区，已形成城乡一体化和城镇高度密集连片的城市群。现有 28 个城市（包括县级市中心城区）、434 个建制镇。城镇间平均距离小于 10 千米。有些城镇首尾相连。区内 9 个地级市全部实现了市带市、市带区的城乡一体化格局，地级市、县级市紧密相连，已形成以广州市为中心的珠江三角洲城市化区域。

在珠江三角洲城市群内部，各城市的规模和经济发展有很大的差异，但广州市从人口数量、国内生产总值等重要指标上来看，在诸多城市中有明显的优势（表 1-2）。

表 1-2　2000 年珠江三角洲地区各城市人口及经济状况

城市	总人口（万人）	农村人口（万人）	城镇人口（万人）	国内生产总值（万元）	农民人均收入（元）	城镇人均年纯收入（元）
广州	994.20	185.10	809.10	23759129	6086	13967
深圳	700.88	—	700.88	16654652	9270	21626
珠海	123.54	17.93	105.61	3302555	4748	15870
东莞	644.57	257.57	387.00	4927132	6731	14142
中山	236.33	92.90	143.43	3128236	4883	11876
江门	395.03	209.05	185.98	5675106	4431	—
佛山	533.80	139.46	394.34	9572042	5688	12048
惠州	287.72	142.31	145.42	3289998	—	—
肇庆	154.28	73.82	80.46	2111984	—	—
合计	4070.35	1118.13	2952.22	72420834	—	—

随着经济全球化的全面推进，未来的珠江三角洲城市群将更加举足轻重。以香港、广州、深圳为支点，整个珠三角共同构成亚洲首屈一指的现代化立体物流平台，并成为亚洲最大的高新科技生产加工基地和家电出口基地。

（三）珠江三角洲生态环境形势

改革开放以来，珠江三角洲创造了经济发展的奇迹，但同时也面临着许多突出的生态环境问题，其主要表现在以下方面。

1. 环境污染问题突出

珠江三角洲城市群的大气环境形势严峻。大气中的污染物主要来自工业废气、非工业废气和城镇居民废气，其中工业废气占所排放废气的95%以上，是造成大气污染的主要来源。据统计，1986年珠江三角洲工业废气排放总量为1346亿立方米，其中燃烧废气占67%，工艺废气占33%。2000年的工业废气排放以燃烧废气为主。珠江三角洲2000年废气排放量较大的城市是广州、东莞、佛山、深圳四市，占整个珠江三角洲地区所排放废气总量的86%。

酸雨在珠江三角洲地区相当严重，尤以江门、佛山、广州最为甚。1986~2000年，由于排入大气中NOx数量的激增，酸雨观象趋于严重，大多数城市多年来都低于酸雨标准（pH值<5.6），2000年pH值平均为4.88。酸雨问题已成为区域大气污染治理的重点。

珠江三角洲水污染问题比较突出。1986~2000年珠江三角洲的污水排放量大量增加，生活污水已成为主要的污染源。2000年珠江三角洲地区污水排放总量为22.9亿吨，比1986年增加了67%，其中工业废水占总排放量的26%，生活污水占总排放量的74%。2000年污水排放量最大的城市是广州市，共计有9.6亿吨污水排放入珠江，占污水排放总量的34%。在珠江三角洲地区各类污染物的排放中，COD的排放量最大，排放量较少的是重金属元素及挥发酚。

珠江三角洲成为世界主要制造业基地的代价，就是农业生态环境受工业污染。国家环境保护总局2004年的一项调查初步显示，珠三角地区有40%的农田菜地受重金属污染情况超出安全标准，其中10%属于严重超标。在测试的铜、锌、铅、镉、铬、镍、汞、砷八种重金属中，汞污染最为严重，其次是镍、铜。按照中国政府的标准，在佛山的南海区和顺德区，土壤中的汞超标率分别达到69.1%和37.5%，东莞的汞超标率也达到23.9%。

按照无公害蔬菜重金属的限量标准，东莞、顺德和中山田地里的蔬菜重金属超标率，分别达到了31.2%、31%和22.8%。蔬菜里的重金属是由植物根系直接从土壤中吸收，单用浸泡、清洗、煮沸的方式，很难加以清除掉。长期食用这些污染农产品将严重危害人体健康，例如镉在日本曾引起"骨痛病"，是一种潜伏期长、长期积累能使肾脏器官发生病变的重金属元素。

因此，珠三角地区土地规划和农业产业结构必须进行调整，把原来生产食品的污染严重土地转变为以林业为主的生态建设用地。

2. 土地资源利用失衡

随着珠江三角洲城市化进程的加快，土地资源的利用压力加大。全区建成区面积由 1988 年的 550.8 平方千米扩大到 1998 年的 1580.0 平方千米。1990~2000 年，耕地面积减少 304578 公顷；林地面积减少 4213 公顷；牧草地面积减少 603 公顷；居民点及工矿用地和交通用地分别增加了 224919 公顷和 29548 公顷；园地和水域分别增加了 9309 公顷和 85375 公顷；未利用土地减少了 29262 公顷。由于缺乏有力的规划和有效的引导，扩张的城市向"摊大饼"式发展，以蚕食农田和森林为代价向城市外围无序蔓延。镇与镇的头尾相接，城镇之间缺乏必要的开敞空间，无法构建绿色生态保护屏障，导致城镇环境恶化。

近年来，珠江三角洲城市群注重城市建成区生态环境的改善，9 个地级市中，有 7 个是国家园林城市。深圳、广州相继获得"国际花园城市称号"、珠海市获"联合国改善人居环境范例奖"、中山市获得"联合国人居环境奖"、佛山市获"联合国改善人居环境范例奖"、惠州市获"全国模范环境保护城市"称号。然而，同联合国生物圈生态与环境组织提出的指标相比，珠江三角洲城市群除绿化覆盖率接近外，人均绿地面积、人均公共绿地面积和人均公园面积差距仍很大。

3. 生态系统服务功能不强

由于珠江三角洲快速的城市化，大量的耕地、疏林及灌木林地和牧草地被开发利用。用生态系统对碳氧平衡的调节能力评估珠江三角洲区域生态系统服务功能的变化，其结果是由于城市化带来的土地利用变化，珠江三角洲区域的生态系统服务功能下降了 8.68%，固定 CO_2 和释放 O_2 的量分别减少了 400 万吨 / 年和 291 万吨 / 年。在城市化速度最快的东莞市等地，其生态系统服务功能的下降明显，1990~2000 年，东莞市植被面积减少 25.35%，植被生物量下降 24.69%，植被净生产量和固碳放氧量降低 26.76%。广州市调查的结果显示，从郊区变为城区，其固碳放氧能力将降低 2/3。

同时，由于绿色休闲空间的缺乏，生态旅游、森林旅游等新经济的发展空间受阻，生态系统的服务功能明显不能满足社会经济发展的多样化需求。

（四）珠江三角洲的健康发展要求加快广州市林业建设

加快生态建设是珠江三角洲城市群实现协调、健康发展的客观要求，而重点是要加快本地区的林业建设。广州地处核心地带，在林业生态建设方面应该发挥核心的作用，促进珠江三角洲生态建设的一体化。

1. 广州是连接沿江都市带的枢纽，应该走在珠三角生态建设的前列

广州地处珠江三角洲北缘，全市共辖越秀区、荔湾区、海珠区、天河区、白云区、黄埔区、罗岗区、花都区、番禺区、南沙区、从化市、增城市十区两市，土地总面积 7434.4 平方千米，到 2003 年末，全市总人口为 725.2 万人，市区平均每天流动总人口约 292 万人。

广州是一座社会经济发达的历史文化名城，也是一座四季常青的"花城"。公元前 214 年任嚣始建番禺城。早在隋唐时期，广州作为海上"丝绸之路"的起点，就已成为当时世界著名的贸易大港。到了清代，"一口通商"更是持续了 83 年之久。广州不仅是我国对外贸易的主要口岸城市，而且是我国的南大门和华南地区的交通中心。独特的南国自然风光，悠久的历史文化、为数众多的名胜古迹以及临近港澳和面向海外的地理位置，使广州成为我国最早公布的 24 座历史文化名城之一，同时也是全国重点旅游城市。

改革开放以来，广州的经济建设突飞猛进。2005 年国内生产总值为 4450.55 亿元，成为国内 GDP 总量超 3000 亿元的五大城市之一。人均国内生产总值达 6.14 万元，达到 7570 美元。广州的综合经济实力在全国十大城市中位居第三位。

广州是珠江三角洲城市化区域的中心。与珠三角地区的其他城市相比，广州在经济实力、基础能力以及自身城市发展的动力方面具有独特优势。即：①区位优势：深圳的区位优势主要体现在它面对香港和东南亚上，如果将珠三角作为一个区域整体的话，最占区位优势的还是广州。②行政优势：广州是省会城市，本身具有强大的整合能力，非一个地区城

市所能比拟。③影响范围优势：广州在吸取了一些制度创新和结构创新的能力后，它所发挥出的能量将比一个市级城市所能发挥的能量要大，将会影响到全省。④历史渊源优势：广州拥有更加悠久的城市历史文化。

综上所述，在珠江三角洲的生态建设中，应该将广州市林业放在优先发展的位置。

2. 建设好广州林业对珠江三角洲将具有示范与带头作用

目前，广州正向国际化大都市的目标迈进，面临许多新的发展机遇，国际交往日益频繁。绿色是城市美好形象的基础和象征，绿色广州是向全国乃至世界展示中国现代化和生态文明发展水平的重要窗口。广州现代林业建设不仅可以改善区域生态环境，提供丰富、优质的绿色林果食品，并可通过示范作用带动周边地区的生态建设，提高珠三角国际综合竞争力。发展广州林业，创造良好的生态环境，既是发挥城市功能的重要基础，也是建设生态城市，统筹人与自然和谐发展的一项基础工作，有利于树立珠江三角洲都市带的国际形象，缩小与发达国家城市森林建设的差距，必将促进"珠三角""大珠三角""泛珠三角"地区乃至全国经济社会的可持续发展。

第二章　广州市主要生态环境问题

一、城区污染问题突出

（一）大气污染

根据广州市环保局的监测结果来看，广州市大气环境质量总体基本保持稳定。"九五"期间，城区环境空气中，SO_2、NO_x、CO、总悬浮物颗粒、降尘等指标明显下降，其中CO、总悬浮物颗粒、降尘和硫酸盐化速率10年来显著下降。广州市目前所面临的空气污染危害主要是酸雨、NO_x、SO_2和可吸入颗粒物污染问题。

1991~1993年，广州市酸雨频率一直在下降，20世纪90年代中期有所回升，90年代末期再度下降，但自2000年之后，酸雨频率再度出现回升，2002年达到了12年以来的最高值80.35%，说明广州市酸雨污染的形势依然非常严重（图2-1）。

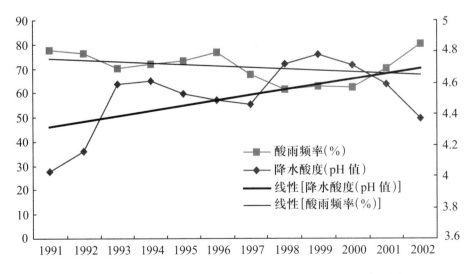

图 2-1　1991~2002 年广州市历年酸雨频率和降水酸度

据有关研究表明,广州 NO_x 污染主要来自工业源、流动源。以老城区、番禺区较重。随着机动车数量的增长，流动源所占比重越来越大。

（二）水污染

2002 年水质现状监测结果表明，珠江广州河段的有机污染日趋严重，全河段按单指标评价，水质属于Ⅳ类～劣Ⅴ类。由芳村到广州市经济开发区河段，主要污染指标是氨氮、溶解氧和生化需氧量等，流经市区的水体中氨氮为Ⅳ类、Ⅴ类或劣Ⅴ类水质标准，水体污染有进一步恶化的趋势。广州市内的东山湖、荔湾湖、流花湖、麓湖 4 湖均为劣Ⅴ类水质，市区的 19 条监测河涌也为劣Ⅴ类水质。

日益严重的水体污染状况，对广州市的供水安全产生了巨大威胁。广州市现有供水能力 296 万吨 / 天，需水量每年增长速度为 30 万吨 / 天，占广州市总供水量 64.2% 的江村、石门、西村水厂水质日益趋差，并且一直在超负荷运行。因此，潜在的水质性缺水威胁将成为影响广州城市发展和市民生活的重要因素。

（三）噪声污染

广州城市噪声污染程度比较突出，在城市噪声源构成中，交通噪声影响范围仅次于生活噪声，其等效声级值在诸声源中最高。近年来，广州市政府对城市交通噪声污染的控制取得了明显成效，但是一些路段交通噪声仍然超标，其影响不可忽视。

（四）热岛效应

根据相关地面布点观测和卫星遥感影像分析，广州市已经存在明显的热岛效应，且热岛效应现象全年均存在，但以 12~1 月为最强。热岛中心在工厂和人口密度都很高的荔湾区人民南路附近。从平均状况看，工业居民区热岛强度最高，可达 1℃，其次为商业居民区，居民区最小，平均只有 0.5℃。晴天时城郊瞬时温差可高达 3.9~4.7℃，阴天为 1.7~2.6℃，雨天时为 0.2~0.4℃。

要减弱城市热岛效应，城市绿地与水体的增加便显得尤为必要与迫切。城市森林的建成可有效地缓解热岛效应和温室效应。据研究，城市绿化覆盖率每增加一个百分点，夏季最高温季节可降温 0.1℃。

二、城郊环境形势严峻

（一）土壤污染较为普遍

受广州市大气污染、水污染等的影响，城郊土壤污染也较为普遍。根据中山大学 2001 年对广州市路边、公园、果园、菜园、林地、作物等土地利用类型的土壤取样分析结果表明：除 Ni 外，路边土壤中重金属平均含量均为各类土壤中最高；农业土壤（果园、菜园、作物）的 Cu、Cr 平均含量远低于路边土壤，Zn、Pb 平均含量也明显低于路边土壤；公园土壤除 Cu、Cr 较高外，其他均较低；而林地土壤中重金属平均含量一般较低；Pb 的平均含量以路边土壤最高，其次为菜园土壤、作物土壤、果园土壤，公园土壤、林地土壤最低。整体来说，路边土壤的 5 种重金属污染均较严重，农业土壤的 Zn、Pb、Ni 次之，公园土壤重金属有轻微污染，林地土壤相对污染较轻。

因此，对土壤污染比较严重的城郊、水岸地带的土地利用类型，从保障食品安全与人体健康的角度，必须调整土地利用结构，变菜园、作物等食品生产用地为林业、湿地等生态用地，利用树木对污染物特别是重金属具有富集、降解的特殊功能，选择适宜的树种，通过营造林带、片林进行土壤、湿地的生物修复，改善城市生态环境。

（二）生态用地受到挤占

从 1990 年和 2000 年的土地利用现状来看（表 2-1），尽管当时城八区是广州市城市建设的核心地区，但其景观基质依然以水田为代表，虽然 2000 年与 1990 年相比，面积有所下降，但两个年度中其所占景观区域面积的百分数依然分别达到了 72.15% 和 70.52%。另外，林地数量在城八区有所提高，2000 年比 1990 年增加了 1424.8 公顷，成为仅次于水田的土地利用类型；与之相应，水面也呈现出了缓慢的增加变化。这两类土地利用类型的变化对于生态用地缺乏、生态环境问题突出的城市区域而言，具有极其重要的生态作用。此外，虽然建设用地所占面积比例不大，但其面积的绝对增长却很大，10 年间增加了 15912 公顷。

表 2-1　广州市土地利用总体变化

土地类型	不同土地类型斑块面积及其所占比例				不同土地类型斑块数目	
	面积（公顷）		面积百分数（%）			
	1990 年	2000 年	1990 年	2000 年	1990 年	2000 年
水田	939651.5	918418.7	72.15	70.52	106	99
旱地	15795.6	15457.5	1.21	1.19	113	98
林地	260074.9	261499.7	19.97	20.08	304	301
草地	410.2	425.1	0.03	0.03	14	14
水面	53141.1	57359.8	4.08	4.40	244	252
建设用地	33323	49235	2.56	3.78	507	443

注：根据中国科学院地理科学与资源研究所 1 : 10 万卫星遥感解译数据统计

在土地利用类型转换中，除了草地之外，在建设用地和其余 5 类土地利用类型之间，存在着非常明显的以建设用地为目的单向变化。水田、旱地、林地和水面变化为建设用地的面积比例分别达到了 17.07%、14.98%、3.44% 和 2.05%。可以说，城市建成区的不断扩张，是建立在农田面积的相应减少的基础上的，在这一过程中，对于林业用地的稳定性也产生了一些不利的影响，存在着建设用地挤占林地以及毁林开荒的严重问题。

（三）采石场对生态景观破坏严重

近 20 年来，由于广州快速的城市发展，在城市周边丘岗地区，特别是在交通干线两侧，出现了众多的采石场。至 2005 年，全市共整治了 338 个、面积达 14.9 平方千米的采石场，但整治的石场是以桉树等外来速生树种为主，外加一些草本植物进行复绿，群落结构和生态景观较差，以后还需要进行群落结构调整。另外，"十一五"期间还有 200 个石场需要整治，这些采石场不仅造成自然植被严重破坏，加剧了水土流失，而且直接影响景观效果。

（四）固体垃圾

固体垃圾的产出量在一定程度上与经济发展水平以及城市人口增长水平相关。广州市日人均垃圾产生量由 1987 年的 0.97 千克提高到 2002 年的 1.22 千克（表 2-2），垃圾的年均日产量大约以 5%~7% 的速率增长。广州市的固体垃圾主要堆放在城市郊区，大大小小的垃圾场不仅造成景观破坏，而且带来水体、土壤、大气污染等问题，对城市生态环境构成威胁。

表 2-2 广州市城市垃圾产量变化

年份	年产量（万吨）	年均日产量（吨）	人均日产量（千克）
1991	123.7	3390	1.14
1996	176.4	4833	1.24
2000	190.6	5005	1.34
2002	260.0	7123	1.22

三、山区水土流失不容忽视

根据广东省 1999 年土壤侵蚀调查数据（表 2-3），广州市域范围内水土流失面积共 2.48 万公顷，占广州市土地总面积的 3.3%，其中自然侵蚀面积为 1.57 万公顷，人为侵蚀面积 0.91 万公顷，分别占广州市水土流失面积的 63.4% 和 36.6%，自然侵蚀所占面积接近总水土流失面积的 2/3。自然侵蚀多为轻度和中度侵蚀，强度侵蚀面积仅占自然侵蚀面积的 6.4%；而人为侵蚀多为中度或强度侵蚀，强度侵蚀面积占人为侵蚀总面积的 64.9%，其中采石取土造成的水土流失侵蚀模数高达 5000~8000 吨 /（平方千米·年）。从其行政区域分布来看，以增城和从化水土流失面积最大，分别占到了全市水土流失面积的 37% 和 34% 左右，而番禺的水土流失面积最小，仅占全市水土流失面积的 6% 左右。从水土流失的类型分布来看，从化和增城的沟蚀比较发达。

表 2-3 广州市水土流失分类分级面积统计（公顷）

		广州市区	番禺	花都	增城	从化	全市合计
自然侵蚀		689.1	630.9	1240.4	5858.2	7324.4	15742.9
其中	面蚀	29.8	144.3	0	209.6	400.7	784.3
	沟蚀	659.3	486.7	1240.4	5648.6	6923.6	14958.6
人为侵蚀		2169.5	820.4	1515.3	3586.2	1008.3	9099.7
其中	采石取土	913.6	137.7	871.2	256.4	338.0	2516.8
	修路	170.7	37.2	183.4	239.7	91.5	722.4
	开发区	1069.1	559.9	460.8	1730.4	518.1	4338.3
	坡耕地	16.1	85.7	0	1359.6	60.8	1522.3
总侵蚀		2858.5	1452.3	2755.7	9444.4	8332.7	24842.6

引自：黄光宇，2001。

四、湿地系统功能退化

根据《国际湿地公约》的定义，低水位时水深不超过 6 米的静止或流动的水域（包括淡水、半咸水或咸水水域）、沼泽地、湿原和泥炭地，不论它们是天然的还是人工的，也不论是长久的还是季节性的，都属于湿地的范畴。广州的湿地包括：珠江、众多的河涌、潮汐水道、湖泊、沼泽、鱼塘、水库、水稻田、伶仃洋滩涂等。广州湿地的变化主要表现在面积的减少与环境污染所导致的功能退化方面。

"云山珠水"是广州市最明显的标志，然而在城市发展的过程中，由于人为的填水造陆、低洼地改造，使珠江水道日趋变窄。从 20 世纪 40 年代到 70 年代，最大的变窄数为 162 米，最严重的淤积达到 4 米；占用河岸的宽度小者 20 米，大者达 300 米（表 2-4）。珠江水道局部河段迅速收窄，这不但减少了泄洪量，而且滞留洪峰，延长了洪患时间，对于城市排水等功能的发挥直接产生了不利影响。

表 2-4　广州市珠江河段水道变化情况

水道	变窄（1955~1957 年）（米）	水道	20 世纪 40~70 年代	
			变窄（米）	淤浅（米）
沙面珠江段	55	牛牯沙东水道	25~40	1.0~2.0
前航道	29	牛牯沙西水道	15~35	0.5~1.5
后航道	18	白鹅潭—丫吉沙段	30~45	1.0~3.0
官洲水道	7	三枝香水道	50~150	2.5~4.0
仓头水道	25	沥滘水道	25~100	0.5
新洲水道	23	沙面—大沙头段	15~30	0.5~2.0
三枝香水道	162	大沙头—黄埔段	35~60	1.5~3.0

引自：李文翎，1999。

除了河流水面之外，湖泊水面是广州市湿地的另一重要类型。广州历史上曾有过兰湖、菊湖、西湖等大湖，如今这些湖泊或已完全消失，或面积大大缩小（如流花湖为古兰湖的一部分）。新中国成立后，先后建设了东山湖、流花湖、荔湾湖、北秀湖、麓湖、动物园等公园，这些公园中均设计了大面积的湖泊水面空间。近年由于违章建设等原因，上述各大公园的水面都有不同程度的减少。据统计，1960 年，市区公园水面面积有 164 公顷，至 1995 年，减少到 135 公顷，减少了 15.16%。

在沼泽湿地方面，今荔湾路、中山八路、多宝路、黄沙大道一带是过去的荔枝湾湿地。这里地势低洼，河汊纵横，沼泽遍布，古人在此修筑基围，种植荔枝，挖塘养鱼。在泮塘一带，种植莲藕、荸荠（马蹄）、茨菇、菱角、茭白等水生植物。如今泮塘沼泽已变成城市街区，湖泊河涌也所剩无几，昔日荔枝湾风情几乎荡然无存。

除上述天然湿地类型之外，水稻田也是广州重要的人工湿地类型。广州地处南亚热带，水稻种植一直是农业种植结构中的主要作物。然而快速发展的城市化进程，使得大面积农田消失，耕地面积由 1990 年的 16.5 万公顷减少到 2002 年的 10.9 万公顷。

在湿地面积不断减少的同时，现有湿地污染问题相当严重。根据中山大学对广州 4 条河涌水质的测定结果，石油类、氨氮、COD、BOD、DO 和挥发酚分别超标 19 倍、1217 倍、4195 倍、5142 倍、1194 倍和 2175 倍。这些受污染的河涌水，最终都是流入了珠江，并直接导致了珠江广州城区河段鱼虾的绝迹。

五、市域生态系统破碎化

广州市域生态系统的破碎化主要表现在两个方面：一个是区域景观的总体变化，一个表现为不同斑块类型的破碎化。

以 1990 年和 2000 年的 TM 卫片所进行的土地利用分析表明，广州市的生态系统基质均是平原水田和有林地，两者所占全市土地总面积的百分比分别达到了 29.05%、36.27% 和 32.04%、36.28%，远高于其他土地利用类型。从 1990 到 2000 年的 10 年土地利用面积的绝对值来看，10 年间土地利用发生了很大的变化。林地、草地和滩涂、滩地等土地利用类型均呈现出了减少的变化趋势，这对于广州市生态环境的不利影响将是十分巨大的。与上述减少趋势相比，建设用地、水库坑塘、山区旱地则呈现出增加的变化趋势。建设用地与山区旱地的增加，一方面产生了固有的城市生态环境建设压力，另一方面也增强了山区土地的土壤侵蚀危险。水面的面积扩大，虽然增强了本已非常弱化的湿地生态功能，但也由于日益加剧的水体污染而使其生态功能的发挥受到了很大的牵制与影响。

土地利用斑块数目、平均斑块面积、平均斑块边缘密度等景观指数的值愈大，表明景观的破碎化程度愈高。从表 2-5 可以看出，从 1990 年到 2000 年，广州市景观的破碎化程度是不断加深的。

表 2-5　广州市景观的整体破碎化情况

年份	斑块数	平均斑块面积（公顷）	平均斑块边缘密度	平均斑块分维数
1990	4861	148	7.1	1.062
2000	4957	145	7.3	1.063

另外，从不同生态系统类型的斑块破碎化指数来看（表 2-6），以林地、水面、草地、滩涂等为主的自然和人工生态系统，其破碎化程度也是不断加深的。

表 2-6　1990 年和 2000 年广州市不同生态系统类型的破碎化情况分析

	斑块数		平均斑块面积(公顷)		平均斑块边缘密度		平均斑块分维数	
	1990 年	2000 年	1990 年	2000 年	1990 年	2000 年	1990 年	2000 年
山区水田	219	221	25	25	3.5	3.5	1.082	1.082
丘陵水田	116	116	30	30	4.1	4.1	1.081	1.081
平原水田	212	221	1086	945	44.0	43.9	1.107	1.111
山区旱地	98	98	31	39	3.8	4.1	1.076	1.076
丘陵旱地	77	76	130	132	9.2	9.3	1.094	1.093
平原旱地	194	162	167	170	10.4	10.6	1.095	1.097
有林地	306	309	852	844	23.0	23.1	1.085	1.086
灌木林	338	331	42	40	3.6	3.5	1.050	1.050
疏林地	244	236	76	73	6.4	6.3	1.082	1.083
其他林地	481	488	49	46	4.0	3.9	1.057	1.057
高覆盖度草地	221	223	47	46	4.4	4.3	1.065	1.064
中覆盖度草地	10	10	43	43	4.5	4.5	1.068	1.069
河渠	52	52	428	436	29.8	29.7	1.160	1.160
水库坑塘	679	829	26	33	3.0	3.4	1.060	1.059
滩涂	3	2	1011	520	16.3	12.1	1.031	1.034
滩地	55	57	23	20	2.9	2.8	1.073	1.075
城镇用地	28	30	836	1354	22.6	32.8	1.101	1.100
农村居民点	1310	1260	25	27	2.5	2.6	1.038	1.040

	斑块数		平均斑块面积（公顷）		平均斑块边缘密度		平均斑块分维数	
	1990 年	2000 年	1990 年	2000 年	1990 年	2000 年	1990 年	2000 年
其他建设用地	194	212	29	40	2.7	3.0	1.044	1.046
沙地	2	2	38	38	3.9	3.9	1.059	1.059
裸土地	22	22	19	19	2.4	2.4	1.048	1.048

　　生态系统类型的破碎化结果导致了森林、湿地等自然生态系统一方面面积减少，另一方面大多呈孤岛状、片段等形式存在，切断或弱化了其内部的各种联系。破碎化程度的不加干预的长期发展，最终将会导致整个区域生态系统稳定性差，整体生态功能差，严重威胁生物多样性。

第三章　广州市林业发展现状与潜力

目前，广州林业正处在巩固、提高、协调发展的阶段。林业生态建设全面发展，得到了全社会的高度认同。森林资源得到了有效的保护，森林质量逐步提高。"青山绿地工程"扎实推进，以"林带＋林区＋园林"的城市森林建设格局基本形成。森林公园和自然保护区规划建设发展迅速，初步形成了以森林游憩为主的特色林业产业。非公有制林业迅速发展，林业管理逐步现代化。

但与广州经济发展和生态环境改善需求相比，仍然存在较大差距：森林资源质量不高，分布不均匀，没有形成完整的网络体系，生态公益林等级不高。林业产业水平低，林业科技储备不足，支撑能力不强。林业队伍自身建设有待进一步加强。

一、林业发展现状

广州市林业用地面积 29.93 万公顷，森林覆盖率 38%。在林业用地中，生态公益林面积 15.93 万公顷，占林业用地总面积的 53.2%。有林地面积 27.91 万公顷，疏林地面积 0.0538 万公顷，灌木林地面积 0.3840 万公顷，未成林地面积 0.82 万公顷，无林地面积 0.7426 万公顷。在有林地中，用材林占 35.6%，经济林占 11.6%，防护林占 43.6%，薪炭林占 0.37%，特用林占 9.6%。在林分面积中，杉木占 2.8%，松树占 13.7%，阔叶树 53.6%，针阔混交林 8.8%，木本果占 19.2%，其他占 1.9%。经过数十年的采伐利用和更新，林分的龄组结构以幼中龄林为主，其中，幼龄林面积占 33.3%，中龄林面积占 23%，近熟林面积占 12.4%，成熟林面积占 7.9%，过熟林面积 4%。全市活立木蓄积量为 916.16 万立方米，其中林分蓄积量 813.44 万立方米。林分平均每公顷蓄积 29.82 立方米。

（一）林业用地全面实现有林化

广东省是我国灭荒最早的省份，早在 20 世纪 90 年代初就已经实现林业用地全面绿化、有林化。目前，经过多年来林业各大工程的实施，广州市的林业用地已经得到了充分利用，97.5% 的林业用地有林化，在林业用地中已无可能大比例扩大林分的面积。因为，在有林地中，林分面积已经占 97.46%，其他有林地中，疏林地占 0.03%，灌木林地占 0.75%，未成林造林地占 1.69%，苗圃地占 0.06%；而在仅占林业用地总面积 2% 的无林地中，从比例上近半数属于采伐迹地，总量 1/3 多的地类为宜林荒山荒地，但荒山荒地只占林业用地总面积的 0.86%。

（二）森林质量不断提高

通过实施分类经营，公益林面积大幅度所增加，商品林面积大幅度降低，森林的林龄结构、树种结构得到了有效地调整。目前，公益林总面积已经由 1996 年的 26.8% 提高到 2005 年的 53.2%，商品林面积由 22.9 万公顷降低到 14 万公顷。在商品林中，用材林由 17.45 万公顷降低到 10.65 万公顷，经济林由 4.03 万公顷降低到 3.23 万公顷。在公益林中，以松类为主的针叶纯林面积由占总面积 51% 降低到 39%。幼林面积 90777.9 公顷，中龄面积 62775.8 公顷，近熟林面积 33729.4 公顷，成熟林面积 21509.3 公顷，过熟林面积 11034.3 公顷。

林分现实生产力大幅度提高。现有林分生产力由原来的 31.57 立方米 / 公顷提高到 36.04 立方米 / 公顷，人工林平均每公顷蓄积量 26.80 立方米提高到 32.05 立方米。

（三）林业产业发展迅速

速生丰产林、经济林基地建设成效显著。2004 年，全市建成以南洋楹、尾叶桉、马占相思、杉木、竹林为主的速生丰产林近 3 万多公顷，种植荔枝、龙眼、黄皮等各类经济林面积达 5.6 万公顷，经济林产值达 14 亿元，占农业总产值的 8.3%。

绿化苗木产业大发展，野生动植物驯养繁殖业逐渐兴起。目前，全市苗木花卉年产值为 14.6 亿元，林业苗木花卉生产经营面积达 4028 公顷，年产苗木花卉 1.44 亿株（盆），从业人员 6163 人。

森林游憩产业发展迅速。全市已批建森林公园 46 个，总面积达 6.86 万公顷，其中，国家级森林公园 2 个，总面积 1.20 万公顷；省级森林公园 3 个，总面积 1.26 万公顷，市及森林公园 14 个，总面积 1.23 万公顷；县级森林公园 26 个，总面积 3.18 万公顷。随着森林公园的建设，森林旅游接待能力将迅速提高。据不完全统计，2001 年森林公园接待游客数量达 190 万人；2003 年 10 个森林公园接待游客 525.9 万人次，森林公园全部建成后，游憩承载量将达到每年 800 万人次。

（四）林业管理逐步现代化

在各级主管部门支持与重视下，广州市持续发展科技生产力，发挥科学技术在林业经营、管理中的作用，在林业管理中逐步实现了现代化。

建立了森林公园和风景林环境监测网络，并实现了环境质量的自动化监测、预报与定时发布，每天以 2 小时的间隔向市民发布各游憩点有关气候情况、游憩适宜度、森林环境健康程度等方面的监测指标，使广大市民能及时了解风景区的环境状况和当日游憩的可行性。一方面为居民提供了出行的可靠的参考，另一方面起到了良好的科学普及和环境宣传作用。

在资源管理上逐步走向现代化。广州市对林业科技研发、科技成果应用向来十分重视。自 20 世纪 90 年代以来，分别建立了广州市城市林业管理信息系统、广州市城市森林资源动态监测体系、林地地籍管理系统、广州市森林防火信息系统（一期）等，基于 GIS 的松材线虫管理信息系统已列为市科技局"十五"重大科技攻关项目课题。在已有的软硬件设备基础上，从 2003~2006 年分期分批建立起森林资源管理信息系统、森林病虫害监测系统、林业电子政务系统、林政管理系统等业务系统。

二、存在问题分析

（一）森林资源总量需要进一步增加

广州市林业建设虽然取得了很大的发展，但目前各项指标与国家、行业、本市 2005 年的目标之间还有一定的差距，尤其是与当地改善生态环境的客观生态需求差距很大（表 3-1）。城市森林总量与全国同类城市比较，虽属于中上水平，但以广州市的经济发展和生态环境改善需求来看，要全面领先仍需努力（表 3-2）。

在城市森林和绿地建设方面成效显著，公共绿地面积每年以 500 公顷以上的速度增加，2003 年增加的城市园林绿地面积达 1508 公顷。截至 2003 年年底,建成区绿地面积达 184 平方千米,绿化覆盖率(10 区口径)达 34.2%,人均公共绿地面积(10 区口径)9.44 平方米,分别较 2001 年相应指标 147 平方千米、31.4% 和 8.05 平方米 / 人提高 25.4%、8.8% 和 17.3%。

表 3-1　城市绿化指标比较

指标	国家园林城市标准	国务院规定 2005 年前达到的标准	广东省规定 2005 年前达到的标准	广州生态城市标准
建成区绿地率(%)	30	30	33	35
建成区绿化覆盖率(%)	35	35	35	40
人均公共绿地面积(平方米 / 人)	6.5	8	10	15

表 3-2　广州与国内其他主要城市绿化指标对比

国内城市	森林覆盖率(%)	建成区绿化覆盖率(%)	建成区绿地率(%)	人均公共绿地(平方米 / 人)
北京	43.0	36.5	31.2	8.6
上海	10.4	22.0	18.6	4.6
南京	39.9	41.0	37.6	8.8
广州	38	34.2	28.7	9.44

现代化城市是广州市的重要发展目标,但城市森林和城市绿地建设还远远不能满足建设现代化城市的需求,主要表现为绝大多数与城市森林建设有关的指标与国际大都市建设水平相比,还有较大差距(表 3-3)。

表 3-3　广州与国际大都市城市森林生态网络体系主要指标对比

	森林覆盖率(%)	城市绿化覆盖率(%)	城市森林景观多样性	森林生态系统多样性	自然保护区覆盖率(%)	城市垂直绿化率(%)	风景游览区绿地率(%)
国际大都市	>45	>60	>0.80	>0.80	>12	>20	60
广州现状	38	27.5	0.38	0.24	4.3	2.3	48

据张贵、肖化顺(2003)整理。

随着城市化进程的加速,城郊森林被严重挤占,林业用地面积降低,各区市森林覆盖率普遍下降。1996~2003 年,花都区、黄埔区、天河区、白云区、番禺区、增城市和从化市的林业用地面积分别降低了 0.5%、5.8%、42.4%、9.4%、6.3%、5.5%、6.0%;除花都区外,黄埔区、天河区、白云区、番禺区、增城市和从化市森林覆盖率降低了 0.3%~5.3%,7 区市森林覆盖率总体降低了 2.9%。

从全市现有土地利用格局上看，只有 2.5% 的林业用地尚可发展森林建设，其中未利用地只有林业用地面积的 0.3% 左右。因此，在林业用地范围内基本上没有增加林地面积的可能性，在城区和南部地区增加空间绿量任重而道远。

（二）城市森林空间布局需要进一步优化

广州市森林覆盖率虽达到 38%，但分布不均，呈现"北多南少"的分布格局。这种分布格局既有自然原因，又有人为建设的影响。其中，山地森林是主体部分，仅从化和增城两区的森林面积就占森林总面积的 2/3；北二环以北地区的森林面积为 269314 公顷，而南部合计只有 6589 公顷，为北部的 2.4%。北部的花都区、白云区，东部至东北部的增城和从化市广州是山地的主要分布区；而城区林业用地强烈受到城市建设的挤占，森林面积急剧降低，如天河区 2003 年森林覆盖率 7.8%，比 1996 年的 13.1% 降低了 5.3 个百分点，森林面积减少了 2072.2 公顷；南部岗地和沙田地带，以经济林、农田等为主，除"南肺"外，水网、路网以及沿海防护林网等均有待进一步完善。

随着城市化进程的加快，森林景观迅速破碎化，表现在：北部山地的山前地段上的森林植被与农业用地、城镇建设用地等犬牙交错；白云山已与帽峰山隔离，呈孤立状态；平原岗地森林和经济林（南肺）呈分散、岛状等。从目前森林和各类绿地结构来看，绿地分布多以相互隔离的点、线为主，许多地方存在着绿带断层，未形成大型的森林组团和绿色廊道相连接的城市森林网络系统。

以公园为主体的城市绿地在空间上分布也不均，越秀区公园数目最多，面积比重最大，11 个公园的总面积为 245.11 公顷；白云区（7 个公园，面积 80.05 公顷）、天河区（4 个公园，面积为 64.24 公顷）。但是，天河区人均公园绿地面积最高，为 17.74 平方米 / 人。

（三）森林总体质量需要进一步提高

经过数十年的开发利用，广州市的森林质量无论从林分生产力、森林的功能结构、森林的林种结构、森林的树种结构、森林的林龄结构均相对较差，林分的总体生态功能相对较弱，主要表现在以下几方面：

提高林分生产力是提高森林质量的基本任务。照主导功能发挥程度，林分质量主要体现在现实生产力、人工林树种丰富度、生态效益价值以及景观丰富度等。广州市的林分生产力总体较低，全市林分平均生产力只相当于全国森林总平均现实生产力 65.7 立方米/公顷的 54.9%，相当于全国天然林森林生产力的 84.8 立方米/公顷的 42.5%，与广东省平均气候生产力 19.1 立方米/公顷相差更远。其中，人工林生产力略低于全国人工林平均生产力 33.3 立方米/公顷，与毗邻的福建省（59 立方米/公顷）和广西壮族自治区人工林生产力（38 立方米/公顷）相比，相差较大（表 3-4），与发达国家的 100 立方米/公顷以上相比，差距更大。这种生产力水平无法与其地带性植被——南亚热带季风常绿阔叶林所能够达到的生产力相比。

表 3-4　广州市森林林分现实生产力统计　（单位：立方米/公顷）

生产力类型	林分平均	幼龄林	中龄林	近熟林	成熟林	过熟林
平均生产力	36.04	20.67	35.92	42.63	62.44	53.15
人工林生产力	32.05	14.15	28.35	37.81	59.65	70.50
公益林生产力	39.27	25.13	42.23	52.21	82.68	50.58
商品林生产力	33.26	12.81	28.73	38.34	56.34	54.21

由于广州市的原生林群落已基本破坏殆尽，天然次生林面积也很小，现有的林分普遍存在树种组成单一、林分结构简单，其林分稳定性差，生态功能较低等问题。在生态公益林中，生态功能评价较好的只占 12.3%；而在可供游憩的林分中，质量等级好的林分也只有 13.8%（表 3-5）。自然保护小区（主要是风水林）是岭南文化的保留地，也是未来弘扬岭南文化的重要建设场所之一，但较低的质量等级将成为弘扬岭南文化的主要资源障碍之一。

表 3-5　广州市可供游憩的自然保护区、自然保护小区和风景林质量统计

林种	合计（公顷）	质量等级面积（公顷）及其所占比例（%）					
		好		中		差	
		面积	比例	面积	比例	面积	比例
总计	38779.6	5354.4	13.8	26538.4	68.4	6886.8	17.8
自然保护区	423.2	0.0	0.0	422.2	99.8	1.0	0.2
自然保护小区	11563.1	989.6	8.6	8142.5	70.4	2431.0	21.0
风景林	7402.5	1687.6	22.8	4704.5	63.6	1010.4	13.6

　　改变森林的功能性结构，降低商品林面积比例、合理地增加生态公益林面积是以适应市场经济和社会需求的为主导进行提高森林质量的重要保证。到 2005 年，广州市森林中的公益林面积占总森林面积的53.2%，商品林面积占总面积的 46.8%，生态公益林比例明显偏少。

　　合理调整林种结构是从突出资源优势和产业优势角度提高森林质量的客观需求。在现有森林中，用材林面积和经济林面积分别占商品林总面积的 76.9% 和 23.1%，占森林总面积的 35.6% 和 10.8%；自然保护区、自然保护小区和风景林分别占生态公益林的 2.1%、5.6% 和 10.1%，分别占森林总面积的 1.1%、2.9% 和 5.4%；水源涵养林和水土保持林分别占生态公益林的 50.7% 和 24.8%，分别占森林总面积的 26.9% 和 13.2%。但用材林的平均现实生产力仅有 33.26 立方米 / 公顷，即便成熟林的生产力也只有 56.34 立方米 / 公顷，生产力低下。按广州市需保护的水库江河周边山地面积计算，防护林要达到 40% 以上，而其现状仅为 28.0%，这与以生态效益为主的城市林业不相协调。

　　森林的龄级结构不合理、森林总体上偏于幼中龄林是广州市森林质量较低的重要原因之一。广州市森林的幼中龄林种面积占森林总面积的56%，其中，幼中龄商品林面积占商品林的 54%，幼中龄公益林面积已经达到公益林总面积的 74.4%，而总体上幼、中龄林现实生产力分别为 20.67 立方米 / 公顷、35.92 立方米 / 公顷，其中，幼、中龄公益林现实生产力分别为 25.13 立方米 / 公顷和 42.23 立方米 / 公顷，幼、中龄商品林现实生产力分别为 12.81 立方米 / 公顷和 28.73 立方米 / 公顷。无论是木材生产功能还是生态和社会服务功能，在一定范围内均与林分年龄成正比的。所以，通过保护、抚育、改造、有序利用等手段，恢复和提高森林的主导效益是十分必要的，但仍须较大的投入和较长的恢复、调整时间。

　　树种组成单一是广州市森林质量较低的主要表现形式之一。在"十年绿化广东"的造林绿化中，以木材生产和绿化大地为主要目标，营造了大面积的马尾松和湿地松等针叶林，并形成了森林树种组成单一、结构简单的局面。在占林分总面积 26.9% 的针叶树林中，纯松林就占 50.6%。过多且过于集中的针叶林，一方面提高了森林生态系统的脆弱性，降低了森林的防护功能，容易造成林火及病虫危害；一方面不利于充分利用光、水、热等条件，降低了森林质量。

（四）森林灾害防控能力需要进一步加强

森林防火存在严重隐患。按照可燃物类型划分，马尾松、湿地松、纯林和针叶混交林属于易燃类，杉木纯林、桉树林、相思林、竹林和经济林属于可燃类，而阔叶混交林和针阔混交林属于难燃类。据此计算，广州市易燃树种森林面积有4.2万公顷，占总森林面积的14%；可燃树种森林面积有10.12万公顷，占总森林面积的33.8%；难燃树种森林面积有12.81万公顷，占总森林面积的42.8%。受全球气候变化的影响，近年来冬季和春季长期干旱在我国东南部频繁发生，为森林火灾的发生提供了有利的气候条件。而大面积易燃和可燃森林为森林火灾的发生奠定了物质基础。所以，从资源上看，广州市的森林火灾存在严重隐患，森林防火已经成为广州市林业经营管理的艰巨任务。

松材线虫生态控制任务艰巨。经过多年的森林病虫害防治体系建设，传统的松毛虫、竹蝗、松突圆蚧、松粉蚧等重点检疫害虫基本上得到了有效控制，2004年轻度危害的马尾松松毛虫发生面积仅为57公顷，且取得了良好的防治效果。但是，近年来松材线虫已经成为病虫害防治工作的重点与难点。为了防治松材线虫，林业部门采取了病死木清理、森林卫生抚育、疫木处理、松褐天牛综合防制、加强测报等综合措施，疫区面积有所缩小，但2004年轻度松材线虫发生面积仍有近5万公顷，占马尾松林面积的15.3%。然而，全市共有马尾松人工林30478.1公顷，占森林总面积的10.2%。所以，一旦松材线虫疫区得不到有效控制，灾害将带来巨大的经济和生态损失。借鉴国内外经验，对松材线虫最有效的控制是阻断传播途径，而控制松褐天牛的有效措施是栖息地生态隔离。因此，未来松材线虫的综合控制任务艰巨。

外来有害植物控制迫在眉睫。在广州市范围内的园林绿化区、果园、苗圃、水域，有6种外来有害植物，即五爪金龙 *Ipomoea cairica*、微甘菊 *Mikania micranta*、假臭草 *Eupatorium catarium*、红毛草 *Phynchelytrum repens*、凤眼莲 *Eichhornia crassipes*、喜旱莲子草 *Alternanthera philoxeroides*。其中，"植物杀手"微甘菊是近年来在我国香港、深圳、东莞、珠海等地区危害较严重的外来种之一，广州白云山和科学城的尖峰岭有发现，对广州市森林植被健康将会造成极大的威胁。

（五）林业产业需要进一步发展

广州林业产业发展已经初具规模，但与其资源优势和市场优势相比，仍有巨大的发展空间。

据 2004 年林业统计资源资料，在 159294.7 公顷公益林中，自然保护区、自然保护小区和风景林分别占生态公益林的 2.1%、5.6% 和 10.1%，三者总和只占公益林面积的 17.8%。在现有风景林中，森林占绝大多数，总面积为 16141.8 公顷；经济林总面积为 32367 公顷。随着广州及周边地区经济、社会的迅速发展，人们对森林游憩的需求将迅速提升，要满足这种需求，森林公园建设任务还相当艰巨。

再者，以特色经济林和工业原料林为代表的商品林产业仍须进一步加强和调整。目前，特色经济林以荔枝、龙眼等为主，面积大、果品生产季节集中，经济收益受市场冲击波动性大。而速生丰产林普遍存在生产力低下、经营相对粗放等问题，经济效益与气候生产力不相适应。

三、必要性

（一）加快广州林业发展是经济社会可持续发展的客观要求

可持续发展的关键是环境的可持续发展，而以森林为主体的生态系统的健康发展是环境可持续发展的核心。发达的林业既是广州实现经济、社会可持续发展的客观要求，也是广州率先实现现代化的必要条件。目前，广州市林业相关生态环境问题比较突出，森林资源总量和质量尚不能全面满足公众对林业的多种需求，林业经营管理水平和科技含量都亟待提高。加快林业发展是广东省实施可持续发展战略、区域协调发展战略、争创环境新优势的具体行动，也是广州全面、系统地提升生态建设水平的重要途径。

（二）加快广州林业发展是改善珠江三角洲生态环境的必然选择

重视城市林业建设，走生态化城市道路已经成为世界大都市发展的历史潮流和普遍趋势。珠江三角洲地区作为中国经济版图上最亮的"闪光点"，正在吸引着越来越多的"全球眼光"。发展珠三角地区的城市林业，创造良好的生态环境，既是发挥城市功能的重要基础，也是建设生态城市、统筹人与自然和谐发展的一项基础工作，有利于树立珠江三角洲都市带的国际形象，缩小与发达国家城市林业建设的差距，促进区域可持续发展。广州已经与珠江三角洲其他城市紧密地联系在一起，正向国际化大都市的目标迈进，面临许多新的发展机遇。发展广州市的城市林业，一方面可以改善广州市本身的生态环境，提高其综合竞争力，另一方面还可以发挥广州城市林业建设在珠三角城市群生态建设中的示范带头作用。

（三）加快广州林业发展是创建广州"绿色环境"的迫切要求

广州举办 2010 年第十六届亚运会，是我国继北京后第二个获得亚运会举办权的城市。从目前的国际体育盛会来看，"绿色环境"理念与行动已经和体育盛会的举办融为一体。加快广州林业发展，不仅促进亚运会的成功举办，而且带动了"绿色广州""绿色广东"的建设，可以使广州乃至广东省在世界上进一步树立良好的形象。因此，必须高度重视和加强林业工作，进一步增加森林资源总量、优化森林资源结构、提升森林生态系统的整体功能、改善广州市环境质量和市容市貌，为创建广州"绿色环境"提供理想的生态环境。

（四）加快广州林业发展是建设生态城市的核心内容

森林资源的数量和质量是衡量一个国家或地区生态环境好坏的重要指标，也是建设生态城市的核心内容。广州是华南地区最大的对外开放城市，随着经济的高速发展，城市的环境形势依然严峻。据 2004 年《广州年鉴》，2003 年空气中的二氧化硫、可吸入颗粒物接近国家二级标准上限；二氧化硫、二氧化碳、可吸入颗粒物、总悬浮颗粒物浓度与 2002 年相比，都有不同程度的增加。这与实现生态城市目标是不相符的。根据环保部现行生态城市标准：建成区绿化覆盖率要大于 50%，人均公共绿地面积要大于 20 平方米 / 人。2003 年广州这两项指标分别为 34.19%、9.44 平方米 / 人，离生态城市的标准还有一定的差距。广州要建设生态城市，必须加快林业发展，建设总量适宜、空间布局合理、功能完备的森林生态体系。

（五）加快广州林业发展是弘扬岭南文化的时代要求

森林是人类文明的摇篮，发达的林业是城市经济繁荣、生态文明、社会进步的重要标志。广州是我国首批历史文化名城，是岭南文化的中心。现代岭南文化具有浓郁的地域色彩，包容南北、兼纳中西，集中表现为"实""新""活""变"四个特征，内涵十分丰富。以岭南园林、风水林为代表的森林文化是岭南文化的重要组成部分。根据岭南文化文化内涵、表现形式和手法，现代广州城市林业建设应以乡土树种利用、近自然林营造为手段，加快森林公园、自然保护区、城市园林建设，加强风水林、古树名木保护。

（六）加快广州林业发展是满足社会多样化需求的重要途径

随着经济发展、社会进步和人民生活水平的提高，林业已发展成为一个包括生态服务、森林旅游、木材生产、林产工业、造林营林、森林保护等综合性行业。随着广州城市化进程的加快以及人口数量的迅速增加，改善城市环境，保障生态安全，满足人们休闲、旅游等活动需要成为林业发展的中心任务。同时，林业对社会经济发展起着十分重要的作用，2003 年农村林业人均收入为 23248 元，是农业人均收入的 2.76 倍。广州林业发展已经成为增加农民收入的重要途径。因此，必须加快广州林业发展，满足社会多样化的需求。

四、发展潜力

（一）优越的自然条件为广州林业发展提供了广阔空间

广州地处南亚热带地区，光热资源充足，地形多样，水网密布，自然地理条件优越，生物种类繁杂，植被类型多样，这是广州林业发展得天独厚的自然条件。在林业建设过程中，应充分发挥这种资源优势，围绕"山、城、田、海"的景观格局合理配置，使山地森林、城区绿地、农田林网、水系林网、道路林网、沿海防护林等相互联系，形成点、线、面、片、带、网有机结合的森林生态体系。同时，目前森林的林种结构、树种结构、林龄结构、森林生产力等与地带性植被差距较大，严重阻碍了森林主导功能的充分发挥，林分改造潜力巨大。

（二）雄厚的经济实力为广州林业发展提供了坚实后盾

广州林业的第一要务是为广州城市发展服务，城市林业是其最大的特点。纵观国内外城市林业的发展，强大的经济基础是城市林业健康发展的根本保证。广州是改革开放的前沿阵地，经济发展十分迅速，2003年 GDP 为 3466.63 亿元，居全国城市第三位，仅对以林业为主的"青山绿地"工程的投入就高达数 14.3 亿元。目前，广州市生态公益林补偿标准为每亩 13 元（195 元 / 公顷），为此，每年投入 3913 万元，预计到

2020年，这一标准将分别提高到45元以上，按照现有公益林面积计算，每年的总投入将达13545万元。随着广州城市建设的进一步发展，对城市森林的数量与质量要求更高，需要更大的经济投入，广州雄厚的经济实力为此提供了坚实后盾。

（三）繁荣的旅游市场为广州林业发展带来了无限契机

森林旅游是旅游业的一个重要组成部分。随着城市化进程的加快，到大自然、大森林中去度假、旅游的需求，比以往任何时候都高。特别是经历"非典"的考验，树多林茂、山青水秀的地区成为市民日益增长的生态消费热点。据统计，2003年仅白云山风景名胜区就接待游客2202万人次，比上年增长35%；帽峰山森林公园接待游客达26万人次。广州是我国乃至世界闻名的岭南文化历史名城，蕴涵着深厚的森林文化，拥有着丰富的旅游资源。广州林业发展要紧抓这一契机，立足岭南文化，开辟完善生态风景林、游憩林、森林公园等，不断满足广大市民到绿色消费和假日观光旅游的需求，让游客尽情享受森林浴和回归大自然的乐趣。

（四）深厚的历史文化为广州林业发展丰富了建设内涵

广州是一座具有2210年历史的特大城市，有"羊城""穗城""花城"的美称，历史文化资源相当丰富。据史籍记载，早在公元前214年，这里便修筑了城垣。广州有悠久的历史，又是海上丝绸之路的起点，因而留下众多的古迹。主要有镇海楼、五仙观、南越王墓、陈家祠、六榕寺、光孝寺等。广州在近代史上也是声名显赫，中山纪念堂、鲁迅纪念馆、农民运动讲习所、三元里抗英遗址、黄埔军校旧址等是广州近代史的见证。深厚的历史文化底蕴，是发展都市林业的丰富内涵，为森林旅游业的发展提供了有利的条件。

（五）社会的积极参与为广州林业发展注入了勃勃生机

随着广州市现代化建设的发展和人民生活水平的不断提高，市民对绿化美化环境、保护森林的呼声越来越高，社会各界对森林改善环境的功能的认识显著提高，参与林业建设的热情日益高涨。从20世纪80年代初邓小平同志倡导全民义务植树运动以来，全民义务植树活动蓬勃发展。通过一年一度的"植树节""植树月"活动，广州地区的全民义务植树运动取得显著成效，20多年来，参加义务植树累计达到3662万人次，植树 8029 万株。同时由于新闻媒体将林业宣传纳入公益性宣传范围，大力加强林业宣传工作，市民的生态意识得到不断提高。

（六）政府的高度重视为广州林业发展提供了有力保障

广州市委、市政府非常重视林业建设，把保护生态环境和植树造林列入议事日程，长抓不懈。目前，市领导正下决心扩大绿化覆盖面积，以增强森林植被的吸污、降尘能力。为适应经济发展和环境要求，提出了全市建设 20 万公顷生态公益林、50 个森林公园的规划，作为继十年绿化广东之后又一个庞大的林业建设工程。并明确提出了建设"两个适宜"山水生态城市的总体目标和"森林围城，城在林中"的发展战略，将林业作为经济社会发展和城市基础设施建设的重要内容。这是广州市"青山碧水蓝天工程"计划的重要组成部分，也是市政府实施"一年一小变，三年一中变，2010 年一大变"的骨干工程。

（七）城市的快速发展为广州林业发展创造了大好机遇

改革开放促进了广州的飞速发展，并使其成为带动珠三角的又一个"新引擎"。目前广州正以"建设现代化、国际化的大都市为目标，构建珠三角制造业和服务业综合性中心城市"为战略思路，实现广州城市功能国际化。城市的快速发展和人口的不断增加，给城市的生态环境带来了巨大的压力，客观上要求加快广州以"绿肺""蓝肾"为核心的城市森林体系建设，改善城市生态环境，满足人们休闲娱乐、身心健康等多方面的需求。广州"组团式"的城市发展格局，客观上要求在组团间建设绿色隔离区（带），促进城市组团的生态建设一体化。在城市扩张的过程中，根据现代生态城市建设理念，必须预留、建设适宜的绿色生态空间。这些均为广州市林业发展提供了良好的机遇。

五、限制因素

广州市的林业建设具有很大的潜力，同时也有一些限制因素。主要表现在以下几个方面：

（一）经济发展占用林业用地与生态保护要扩展林地的矛盾突出

广州城市化进程迅猛，各项用地矛盾突出。城市建设、基本农田保护需要大量的土地；植树造林、保证生态安全、提升环境质量也需要占用土地。土地总资源是有限的，对于如何分配使用土地的问题缺乏统一、科学的规划，导致了农业用地、城市建设用地与生态用地矛盾突出。长期以来，各行业用地矛盾得不到有效解决，困扰着生态环境建设。

（二）林业作为公共产品的公益性质与林地企业经营、农民承包的矛盾突出

目前广州生态公益林已经占到林地面积的 60%，公益林作为公共产品，其主要功能是改善生态环境，但林地属于企业经营、农民承包，由于生态公益林管理严格，政府对生态公益林的补偿太低，而与非公益林林地租金上升形成反差，企业或林农不愿意将自己的林木划为公益林，保护和增加公益林的难度和阻力将越来越大。

（三）森林资源管理与开发利用机制需要创新

现有国有林资源管理和抚育水平较高，但受资金和机制的制约，生态资源优势难以转化成产业优势，林场富余人员得不到妥善的转产安置，森林公园建设面临一定的困难。而一些资金雄厚、有开发能力的企业和个人受目前林业管理机制的限制，难以参与森林资源开发利用，形成"有林无钱，有钱无林"的矛盾局面。

（四）林业科技储备相对不足

广州是我国对外经济、文化交往的重要口岸。随着人口的增加、居民生活水平的提高和国际交往的频繁，市民对环境质量的要求越来越高，要满足市民日益增长的生态环境需求，就必须全方位提高林业建设的水平和质量，林业科技水平的高低是实现这以目标具有决定性作用的因素。随着林业建设重点的转移，以木材培育为主导的传统林业科技成果越来越不能适应林业发展的客观要求。广州市城市林业、低效林定向恢复与改造、生态公益林经营管理、生物修复林、工矿地生态恢复林、生态风景林、游憩林、生物多样性保护等技术成果相对滞后，新兴技术在林业发展中的应用与国际相比还有较大差距。因此，加大广州市林业科技研发力度，为广州市林业建设提供强有力的技术支撑是广州现代林业发展的客观要求。

（五）林业建设难度加大，成本提高

据统计，2004 年广州市林木绿化率达 42.2%，林业用地已经全面实现有林化，但是森林布局不尽合理、林分质量不高、生态功能不强、城区森林占有率较低和绿地分布不均，离"森林围城、城在林中"生态城市的目标还有很大距离。今后林业工作重点一是加强林分改造，提高森林生态功能；二是开展城市隔离林带、生态廊道林、生态景观林、游憩林等建设。据森林资源统计资料，公益林中有相当比重的林分质量有待进一步提高，改造任务重。与传统林业相比，林分改造与重点地段生态林建设技术难度加大，而且成本有很大的提高。

（六）森林灾害防控能力需要进一步加强

一是森林火灾存在严重隐患，森林防火任务艰巨。全市森林资源中马尾松林、湿地松林等还占有较大比重。受全球气候变化的影响，近年我国东南部频繁发生冬季和春季长期干旱。广州虽然多年来没有发生重特大森林火灾，但一般火灾、火警发生次数近期呈上升趋势，森林防火形势依然严峻，森林火灾的快速反应机制有待强化，指挥扑救能力有待提高。二是由于马尾松人工林面积占森林面积的 26.46%，松材线虫生态控制任务繁重。三是外来有害植物控制迫在眉睫。尤其是"植物杀手"微甘菊，对广州市森林植被健康构成威胁。

（七）现行管理体制不能适应现代林业发展的要求

广州林业建设是一项社会性、开放性、涉及多个行业和部门的系统工程。从相关行业和部门间协作上看，随着城市林业的发展，出现了很多以前林业管理中没有接触到的新问题。部门间总体协调性不够，难以适应城市林业发展的客观要求。从林业本身来看，林业建设的任务已经发生了根本的变化，以植树造林、扩大森林植被覆盖率为主导的林业建设与投入模式不能适应质量林业发展的客观要求。

第四章　指导思想与建设原则

一、指导思想

以邓小平理论、"三个代表"重要思想为指导，树立科学发展观，实施以生态建设为主的林业发展战略，博采众长，突出特色，以"建设岭南绿色名城，打造南粤生态家园"为基本理念，在生态广州建设中赋予林业以首要地位，加快发展生态林业以保障南粤生态安全；在文化广州建设中赋予林业以基础地位，加快发展人文林业以弘扬岭南森林文化；在经济广州建设中赋予林业以重要地位，加快发展多效林业以推动广州绿色 GDP 增长，使广州林业更好地服务于城市的协调、健康和可持续发展。把广州建设成为森林绿群山、森林靓珠水、森林绕名城、森林保良田、森林护碧海的现代化大都市。

二、建设原则

（一）生态优先，以人为本

城市森林是城市经济社会可持续发展的重要物质基础和生态安全保障。广州，作为我国的南大门，广东省的省会，珠江三角洲城市群的中心城市，正朝着国际化大都市的目标迈进。针对目前生态环境严峻、社会对生态需求高涨的形势，广州林业要坚持生态优先的原则，实施以生态建设为主的林业发展战略，将生态公益林建设放在首位，大力构筑以生态公益林为主体的森林生态屏障，加大对生态公益林的效益补偿力度，有效保障以广州为核心的南国生态安全。

广州林业建设要坚持科学发展观，体现以人为本、为民服务的原则，有效发挥森林在改善生态、提高人居环境质量中的重要作用，充分满足人们对森林的多种需求。使林业建设符合人民群众的根本利益,服务于全面实现小康社会的宏伟目标。全力抓好对城市发展和人民生活有重大影响的林业工程。以广州浓厚的历史文化资源为依托,结合城市林业建设,进一步挖掘其文化内涵。突出岭南文化包容古今、兼备中西、求新求变的鲜明特征。努力实现生态与经济的相互促进,人与自然的和谐发展,弘扬岭南绿色文明,建设生态文明社会。

(二)兼顾效益,形成产业

广州市林业建设在坚持生态效益优先、大力发展公益林业的同时,应该兼顾发挥森林的经济效益,加强商品林业的发展,逐步形成经济实力强大的林业产业。大力发展商品林业,不仅可产生直接的经济效益,还可发挥间接的巨大的生态、社会效益。大力发展特色林业产业,对于广州全面建设小康社会,实现城乡共同富裕、协调发展,实现林业富民具有重要意义。

立足广州林业产业的基础和优势,在近期应以森林旅游业、种苗花卉业等有利于森林可持续经营的产业为主。从发展规模和方向来说,以森林旅游为核心的观光生态产业具有巨大潜力。从主导功能来看,用材林、经果林、花卉种苗基地等产业林地以发挥生产功能为主,其生态功能是主体生态保障林的补充,也有利于缓解对山地森林破坏的压力。建设具有广州特色的商品林业。商品林业建设在国家宏观指导下,遵循市场规律,依靠市场调节优化资源配置。形成区域特色,使公益林与商品林之间,山区、城区、平原区之间实现多样搭配、效益互补、协调发展。

(三)政府主导,公众参与

城市林业在很大程度上是一项社会公益事业,加快城市林业发展意义重大、任务艰巨,是一项复杂的系统工程。积极发挥政府在林业建设中的主导性作用。各级政府要从经济社会发展的大局出发,承担起林业建设的责任,加大对林业的扶持力度,协调好决策、执行和监督的职能。按照"五个统筹"的要求,与广东省、珠三角、全市的社会经济发展总体规划相适应,协调好林业与其他部门的关系,林业系统内部各要素的关系,追求整体效益的最大化。

坚持把部门办林业转变为部门主导、社会兴林。凝聚社会共识,使公众都来关心、重视和支持林业;充分吸引社会生产要素,多渠道、多层次、多形式筹集建设资金，国家、地方、单位、个人相结合，壮大林业建设力量；促进林业部门的职能不断向提供公共服务和执法监管转变。加强宣传教育，增强全民生态意识，充分调动全社会参与城市林业建设的积极性。

（四）林水结合，城乡一体

城市地区的森林和湿地，是城市生态系统的两大重要组成部分，素有"绿肺"与"蓝肾"的美称。林网化和水网化是城市林业建设的新理念。广州市自然地理条件优越，不仅森林动植物资源丰富，而且江河纵横、水网密布。基于这种特点，在广州建设林水结合的城市森林-湿地生态系统，对于在整体上改善城市环境、提高城市活力具有重要意义。林网化和水网化是密不可分的统一体，林水结合就是实现"林水相依、林水相连、依水建林、以林涵水"的建设理念。

广州市城市化程度高，为了更好地发挥森林生态系统的整体功能，城市林业有必要、也有条件实现城乡一体的规划和发展。统筹城区与郊区、中心城区与各区县、城市与周围中心镇的关系，努力实现森林-湿地系统的均衡与合理布局，促进城市与乡村在生态与经济方面的优势互补、良性互动和协调发展。

（五）科教兴林，依法治林

盛世兴林，科教为先，人才为本。新时期的林业发展和生态建设，要以人才工作为主线，以科技和教育为基础，把三者有机结合起来，促进人才、科技、教育工作的协调发展。牢固树立"科学技术是第一生产力"的思想，不断吸收、引进和消化应用国内外高新技术成果，通过科技创新有效解决制约广州现代林业发展的技术"瓶颈"，以科技进步支撑林业生态建设和产业发展。树立"人才资源是第一资源"的观念，进一步加大对林业建设人才的培养、引进、使用力度。全面实施林业人才战略，坚定不移地走人才强林之路，依靠科技进步和科技创新，建立强有力的科技支撑体系，全面提高广州林业建设的科技含量、管理水平、综合生产力和竞争力。

增强法制观念，坚持依法治林，加强和改进森林资源保护管理工作，巩固林业建设成果。履行政府职责，坚持依法行政，从严治政，维护法律尊严，搞好林业建设，保护好群众的生态、经济和文化利益。建立和完善适应、促进和保障广州林业可持续发展的林业法律法规体系。做到有法可依，执法必严，违法必究。坚持依法严格保护、积极发展、科学经营、持续利用森林资源。

三、规划依据

➤《中华人民共和国森林法》

➤《中华人民共和国城市规划法》

➤《中华人民共和国土地管理法》

➤《中华人民共和国环境保护法》

➤《中华人民共和国野生动物保护法》

✚《全国生态环境建设规划》

✚《中共中央 国务院关于加快林业发展的决定》（2003 年 6 月）

✚《广东林业生态省建设规划（2005~2020）》

✚《珠江三角洲区域协调发展规划》

✚《珠江三角洲城镇群协调发展规划（2004~2020）》

✚《珠江三角洲环境保护规划纲要（2004~2020）》

✚《广州市城市总体规划》

✚《广州市生态城市规划纲要（2001~2020）》

✚《广州市城市生态可持续发展规划》

✚《广州市土地利用总体规划（1997~2010）》

✚《广州市绿地系统规划》（2000~2020）

✚《广州市矿产资源规划》

✚ 广州市政府批复建设的有关生态、林业等相关方面的规划

第五章 发展目标和总体布局

一、发展目标

针对"山、城、田、海"的生态景观格局，构建城区、山区、岗地、平原一体的森林生态网络体系；采用近自然林业经营管理技术模式，定向改造林分，提高森林质量；结合岭南文化加快森林旅游资源开发，发展特色林业产业；建立健全森林安全保障体系，维持持续高效的森林服务功能；建设人与自然和谐，生态环境优美，文化特色鲜明的森林城市，为实现生态城市的发展目标奠定基础。

广州市林业发展总体目标可以概括为：构筑生态廊道，优化森林网络；发展近自然林，提高资源质量；活跃森林旅游，繁荣特色产业；加强灾害监控，保障森林安全；传承岭南文化，建设森林城市。

（一）构筑生态廊道，优化森林网络

针对目前广州森林生态系统空间分布特征，结合广州自然、经济、社会发展对林业建设的需求，以现有成片森林、各种林带、林网为基本骨架，根据城市发展空间走向、水资源保护、大气环境改善、道路布局、产业布局等，充分挖掘生态廊道建设潜力，优化布局城市隔离防护廊道生态林带、河流廊道水质净化林带、大气污染防护廊道林带、交通廊道视觉优化与噪声防护林带、海防廊道林带，力争与商品林、公益林、地下水体与土壤污染修复林构成完备的森林生态网络。

（二）发展近自然林，提高资源质量

针对目前广州市森林生态系统树种单一，结构简单，林种、树种配置不尽合理，人工纯林和低质低效次生林为主体，生态环境服务功能不强的现状，充分利用当地优越的自然环境条件和丰富的树种资源，采用

近自然林业经营管理技术模式，进行林分结构优化改造，促进森林生态系统结构的根本改善，提高森林生态系统的生产力，逐步提高森林质量，强化森林生态系统服务功能。

（三）活跃森林旅游，繁荣特色产业

加强森林公园、野生动植物保护、森林与湿地自然保护区建设，倡导生态旅游，将生态旅游与生态保护有效结合。通过完善服务设施，优化旅游线路，提升旅游品位，丰富文化内涵，活跃森林旅游市场。建立特色林产水果基地、特色花卉林木种苗基地，并结合假日经济发展观光林业，满足广州及周边地区对林产品及生态服务需求，增强产品市场竞争力，提高林业产业效益。

（四）加强灾害监控，保障森林安全

建立现代森林资源动态实时监测网络；构建现代林业与森林资源动态管理系统；健全森林资源安全监测与监督体系；加强森林资源管理与保护相关技术开发；保障森林资源安全装备与基础设施建设；强化森林资源灾害预测预报能力；建立完善的森林资源安全标准；严防危险性病虫害和有害外来物种入侵；提高森林病虫害防治水平；提高林政执法水平，确保森林资源安全与高效利用。

（五）传承岭南文化，建设森林城市

通过发展广州林业，充分发掘自身潜力，以岭南文化为依托，寻找新的历史文化尤其是森林文化亮点，创建多元文化的国际性都会城市，提升广州华南地区中心城市地位。通过完善森林生态网络建设水平，提高森林资源数量与质量，充分发挥森林的多种生态服务功能、生产功能和文化传播功能，力争尽快将广州建成国家森林城市。

二、发展指标

（一）确定原则

广州市林业发展的目标，既要明确广州市林业的未来发展方向，也要反映广州市林业的建设现状和成果。确定这些指标所遵循的原则是：

（1）前瞻性：结合城市发展的现状，以及城市未来的发展定位，充分考虑林业发展为城市发展提供生态安全的前瞻性。

（2）科学性：林业的发展是一项长期的工作，生态环境的改善更是一项复杂的工程，任何不切实际的指标都会影响生态建设的步伐。指标的确定必须以科学为根本，突出科学性原则；保证指标的科学性的同时，就能达到超前性和新颖性。

（3）可行性：根据城市发展的现状、林业发展的现状以及林业发展的目标，标准的选择必须遵循实际的可操作性，也就是可行性原则。

（4）综合性：既能用不多的指标反映林业建设的发展目标，同时，这些有限的指标又能反映复杂的林业生态工程建设内容。因而，综合相关的标准，完善林业建设指标体系，突出综合性原则。

（5）针对性：标准的选择还要以突出广州的经济地位、地域特征、自然条件和丰富的岭南文化等自然、社会、经济、文化等特色为原则。

（二）核心指标

根据上述原则，在深入分析广州市林业发展的现状、潜力的基础上，围绕总体目标，参照国内外城市林业建设实践与建设标准，初步确定了森林网络连通度、林水结合度、森林自然度、森林覆盖率、森林蓄积量、林分定向改造率、生态公益林、森林公园、自然保护区（包括自然保护小区）、建成区人均公共绿地、村镇风景林建设、森林火灾控制率等12项核心发展指标。

1. 森林网络连通度

对于城市林业而言，由于发展空间受城市发展的挤压，破碎化程度较高，同时又要为城市提供城市发展所必需的生态安全保障。城市森林景观的完整性在很大程度上体现在森林网络的连通性上，保证森林网络的连通度处于较高的水平，就可以最大可能的实现城市森林的生态功能，同时，高的网络连通度的实现，也是较易实现的。常见的计算方法有两种，即 γ 指数法和 α 指数法。γ 指数即网络中所有结点的连接度，采用网络中廊道的实际数与最大可能出现的廊道数比值。α 指数即网络中存在环路的程度，采用环路的实际数量与最高可能的环路数的比。这两个指数都是从 0（网络没有连通）到 1.0（网络具有最大连通度）。

2. 林水结合度

林水结合度是反映森林网络体系健康的重要指标之一。在国际大都市的城市林业建设中，林水结合度的指标是一个全新的指标，重点反映的是水体沿岸的水源涵养林、水体净化防护林带等完备的程度。广州的自然条件尤其具备建立完善的林水结合的城市森林网络体系。

3. 森林自然度

自然度是指地段的植被状况与原始顶极群落的距离或次生群落位于演替中的阶段。森林自然度的指标对于广州城市林业建设近自然林的发展目标是一个重要评价指数。在当前广州市的林业可利用土地紧缺，大力建设生态公益林和天然次生林以及人工纯林改造的现状下，以森林自然度为指标衡量新时期的林业建设是非常必要的。同时，对于建成区绿地将自然引入城市的建设也具有非常重要的指导意义。

4. 森林覆盖率

森林对于城市的重要性已经是一个不争的事实了，其对于城市生态环境的建设的贡献主要体现在可以净化大气污染、提供新鲜氧气保证碳氧平衡、热环境调节减少热岛效应、保持绿地景观的完整性减少景观破碎化、维持生物多样性等诸多方面。森林是陆地生态系统的主体，要改善生态环境，维护生态平衡，森林起着决定性的作用。发达国家的城市很重视生态环境的建设，都有一个以森林为主体的生态环境为依托。广州要建国际化大都市，确保城市周围有一个良好的森林环境作为城市可依托的绿色生态屏障是十分重要的。城市生态安全、城市生态健康等方面功能的实现在很大程度上依赖于森林生态系统的完整性和其占整个城市国土面积的比率。因而，将森林覆盖率作为本次规划的重要目标提出。

5. 森林的总蓄积量

前述分析已知，广州市的林业发展空间已经十分有限，要想使林业建设满足未来国际化大都市的城市建设目标，全方位的提高目前林业的质量就成为今后林业建设的主攻方向。目前，广州市的林地大部分属于低产林分，尽管商品林的木材生产不是今后林业生产最主要的任务，由于总蓄积量是衡量林业质量的一项重要指标，改造低产林分提高森林总蓄积量就成为本次规划的重要指标之一。只有在现在林地的基础上提高森林的总蓄积量，才能够在有限的空间中最大限度的，发挥森林的生态效益。

6. 天然次生林与人工纯林定向改造率

采取多种形式的林分改造，发挥森林生态系统生产潜力，营造"结构合理、功能完善"的森林生态系统，针对不同地区生态环境特点与特定防护要求，确定公益林改造方向；根据森林旅游、森林游憩要求，确定森林公园建设与改造方向。在改造建设中采用近自然林业建设模式，创建高效稳定的森林生态系统网络。

7. 生态公益林面积

生态公益林的建设目的，主要是充分发挥森林的的生态效益和社会效益，森林的生态功能主要从其吸碳放氧、吸污、降污、降尘、吸热、调节空气湿度、杀菌、净化空气、涵养水源、水土保持等方面体现出来。生态公益林的建设正是要建成体现上述生态功能最显著的森林生态系统。广州市地处南亚热带，地带性森林植被是南亚热带季风性常绿阔叶林和亚热带常绿阔叶林，这类森林具有适应性强，生长稳定、物种丰富；叶面积指数高，因而吸碳放氧量大，吸热调温、涵养水土功能显著；是广州地区最好的生态林，其生态功能仅次于热带雨林。通过生态公益林的建设，可以有效的优化、改善广州的生态环境、维护生态平衡，满足市民日益增强的"回归自然"的心理要求，可以确保城市洁净水源供应等。因而，生态公益林建设是实现全方位提高现有森林质量的非常有效手段之一，也最能发挥林业的生态效益，为广州市的城市发展提供必要的生态环境保障，为广州的可持续发展奠定坚实的基础。

8. 自然保护区（包括自然保护小区）面积

自然保护区是国家为了保护自然环境和自然资源，要求各级政府建立起来的进行特殊保护和管理的区域。自然保护区能为人们提供生态系统的天然本底，是植物、动物、微生物物种及其群体天然的贮存库，是进行科学研究的天然实验室，是向人们普及自然知识和宣传自然宝库的活的自然博物馆，能为人们回归大自然提供一定的游憩、疗养场所，并有助于水土保持、涵养水源、改善环境，维持生态平衡。目前广州市的自然保护区面积占国土面积的比例还比较小，与发达国家10%~12%的指标还差很多，与本地区优越的自然、气候条件也是不相适应的，因此需要大力发展。

9. 森林公园面积

随着城市的现代化建设，广州市正向着国际化大都市迈进。在这样的大背景下，城市居民的生活、工作节奏加快，精神常常处于高度的紧张状态，再加上城市环境的钢筋混凝土的"丛林"所造成的单调、僵硬、污染、噪音等因素，城市居民追求回归自然的愿望日益迫切。森林环境简朴自然、清净幽雅、空气清新，正是城市居民回归自然、返璞归真的好去处，森林公园的建设这是满足人们的这个多层次的需求的。因而，城市圈范围内的森林公园的数量、面积大小及其分布就成为今后林业建设的一项重要指标，森林公园是林业为城市服务的一项非常直接的重要任务。

10. 村镇风景林建设面积

村镇绿化建设是十六届五中全会关于"生产发展、生活宽裕、乡风文明、村容整洁、管理民主"的社会主义新农村建设要求。以科学发展观和建设和谐社会为指导，以创建文明示范村镇为载体，以改善乡村地区的人居环境和农区生态环境为重点，大力植树造林，绿化美化村镇，增加居住区绿量，进行中心镇公园（绿化广场）、村级小游园、庭院经济林的建设和村道、村庄外围及和村边坡地的风景林建设是今后村镇绿化的主要内容，也是促进广州市农村社会主义精神文明建设、实现经济、社会和生态的可持续发展，建设一个"山清、水秀、花香"的社会主义新农村的重要举措。因而，选取村镇风景林建设面积作为本次规划的指标之一。

11. 建成区绿地空间占有率

高生物量的绿地生态系统是充分发挥其生态环境功能的基础，应该是水平和立体两方面的来发展。从目前国内外对城市绿化的评价指标来看，绿地率、绿化覆盖率、人均绿地面积等许多指标，都是以水平面积为基本的统计标准。而对绿色植物对城市空间的占有率则没有考虑，这也是导致我们在城市绿化建设、管理中的一些不合理做法的原因之一。因此，这里提出的建成区绿地空间占有率是指在城市绿化可达高度范围内的绿色植被实际体积与最大体积之比。统计上可以根据城市所处地区城市森林建设主要绿化植物的成熟期平均高度来确定，比如以乔木12米为准，灌木3米，草本30厘米，分别乘以不同类型绿地的覆盖面积，求算出不同类型城市森林绿地的体积之和，其中乔灌草复层结构的绿地只按乔木层高度计算，灌草层不再另行计算；最大绿化体积是指整个城市建成区绿化面积乘以15米（一般城市树木的平均高度）的体积。

12. 森林火灾控制率

随着广州城市森林面积的增加，人为活动频繁，森林防火安全问题日渐突出。参照国家森林防火标准制定广州城市森林防火指标。具体是指过火面积占林地总面积的比例。

三、规划布局原则

（一）立足广州市域范围，兼顾珠三角生态圈

广州林业是以生态建设为主体的公益林业，是以建设世界一流的现代化大都市为目标的城市林业，是以高科技为支撑的现代林业，是以兴林富民为目的的效益林业。因此，广州的林业是满足人们生态需求的重要手段，是广州举办"绿色亚运"、创建"国家森林城市"和实现建设生态城市目标的主要内容。广州既是珠三角城市群中连接东莞—深圳—香港城市带和佛山—中山—珠海—澳门城市带的枢纽城市，又是广东省的省会，有责任、有义务率先在以林业为主体的生态建设中先行一步。因此，林业规划必须着眼整个珠江三角洲地区的生态、经济、社会协调发展，针对广州市域对林业的多种需求，突破行政边界，按照区域生态功能区划进行总体布局，并分区实施。从而与周边城市的生态建设规划相互衔接，达到互相补充、互相促进，实现区域生态建设的一体化发展，提高珠江三角洲地区的整体综合竞争力。

（二）统筹山水城田海规划，健全森林生态网络

按照广州城市发展山水城田海的空间布局，在秉承"云山珠水"特色的基础上，贯彻生态建设一体化的理念，运用景观生态学原理，以北部山地森林、中南部丘岗森林、珠江水系、城市地带大型片林、森林公园，以及现有的森林、湿地等自然保护区为主体依托，使之成为广州完备森林生态体系的核心生态斑块，成为保护生物多样性的基础；构筑林水结合、林路结合的贯通性主干林带，使之成为城市通风送氧降温、地域内生物交流、水系连通的主体生态廊道；完善道路、水系、沿海防护林网，把众多的森林绿岛、水体连接起来，并与上述林水主体斑块、主干廊道相连，使之成为遍布整个市域的生态脉络，从而建设"山城田海，水脉相连"区域一体的森林生态安全格局，为广州生态环境的改善与维持提供长期而稳定的保障。

（三）遵循生态优先原则，发展特色林业产业

广州的林业建设首先要体现生态优先原则，把建立健康高效的森林生态系统作为首要目标，注重提高森林的生态功能，保障广州乃至周边地区的生态安全，这是广州林业发展的第一要务。因此，必须加强生态公益林建设和保护的力度，通过构筑贯通性生态廊道，完善森林生态网络。同时，林业产业是实现林业富民的根本途径。对于广州市来说，要全面建设小康社会，实现城乡共同富裕、协调发展，大力发展特色林业产业具有重要意义。从发展规模和方向来说，以森林旅游为核心的观光生态产业具有巨大潜力，使产业发展真正实现"富山、富民、富行业"的目标。从主导功能来看，用材林、经果林、花卉种苗基地等产业林地以发挥生产功能为主，其生态功能是主体生态保障林的补充，也有利于缓解对山地森林破坏的压力。

（四）倡导近自然林模式，突出乡土植被特色

广州的林业发展，要建设以地带性森林植被为主体的森林生态体系，提高森林生态系统的稳定性和景观多样性，促进生物多样性保育。因此，无论是在现有林的改造、生态风景林建设方面，还是在营造各种防护林、隔离林带、城区绿地等方面，最主要的就是提高森林生态功能，倡导建设近自然林的模式，以体现本地森林景观特色，降低建设与管护成本，提高森林抗病虫害等干扰能力。在树种选择和模式配置环节，首先重视乡土树种的使用，按照广州的地带性植被特征和演替规律进行森林植被的恢复和建设，突出广州的本土植被特色，提高森林的生态功能。同时，在城郊区、交通沿线的森林营造和现有林改造的过程中，也要注意提高森林的视觉景观效果，加强本地景观树种的搭配，扩大生态风景林规模。

（五）服务城市发展需求，促进人与自然和谐

广州市的林业建设就是要结合城市发展为城市提供以生态为主的多种服务，促进人与自然和谐共存。广州市林业在定位上要突出服务型林业的特点，为环境建设服务，为经济发展服务，为广州市民服务，为旅游产业服务，为珠江三角洲地区的生态一体化服务。以广州城区为重点，统筹全市 10 区 2 市以及众多村镇进行整体规划，充分发挥森林在改善城市生态环境当中的重要作用，加强北部山地水源涵养林资源的保护，加快生态敏感区的森林植被恢复，加速城市未来发展区森林的营造，把林

业建设作为本地区有生命的基础设施建设，为广州的人居环境改善和生态城市建设服务，使广州市在经济社会快速发展的同时，生态环境也得到不断的改善。

（六）传承岭南历史文化，彰显花城绿色文明

广州是岭南地区中心城市，也是岭南文化的中心。广州具有两千多年的历史，是三朝岭南古都的所在地。广州现代林业发展必须与岭南园林文化相结合，与文化古迹保护相结合，传承悠久的历史文化，加强古树名木和各类名胜区森林的保护，注重提高其知识性、趣味性，深入挖掘树木、花草等森林植被的历史文化内涵，寓科学知识普及、环境教育、陶冶情操等多种社会服务功能于游憩之中。同时顺应现代城市居民生态文化需求，大力发展旅游文化林、纪念林，丰富森林文化内涵，提升文化品位，弘扬绿色文明，增强市民的环境意识，把广州建设成为历史文化与现代文明交相辉映的国际化大都市。

四、林业发展总体布局

（一）结构布局

1. 布局依据

广州现代林业发展是以"建设岭南绿色名城，打造南粤生态家园"为基本理念。因此，可以根据森林的主导功能进行相对的划分。

在林业发展的结构布局上，要首先满足保障广州市生态安全的需要，构建比较完备的森林生态体系，在森林营造、培育、管理的各个环节都要把提高森林的生态功能放在首位，在这个森林生态体系的框架之下，加强与广州岭南历史文化、环境科普教育等方面的结合，增加森林的文化内涵，并根据现实状况和市场需求发展生态产业林体系。

2. 布局框架

根据上述广州林业发展理念和总体规划的基本原则，我们提出如下的广州林业发展的森林资源总体规划结构布局：

——建立以山地森林、平原防护林、城区大型林地为主，片、带、网相连接的生态防护林体系，为广州生态环境的改善提供长期稳定的保障，满足广州城市可持续发展和改善人居环境的需要。

——建设以城市古典园林、名胜古迹、古树名木、森林公园、各类

纪念林等为主，人文与森林景观相结合的生态文化林体系，增强人们的环境保护意识，传承广州的历史文化，实现人与自然协调发展。

　　——形成以特色林果、森林旅游、花卉等优势产业为主，林农、林禽、林药等多种模式相配套的生态产业林体系，拓宽林业富民渠道，稳固生态防护林和生态文化林体系，促进广州包括林业在内的绿色产业发展。

　　核心是：生态防护林体系，生态文化林体系，生态产业林体系。

　　三大森林体系是根据森林具有生态、经济、社会"三大效益"和国家林业发展战略提出的"三生态"思想，结合广州林业的现状和发展趋势，按照森林的主导功能进行定位划分的，是一种相对的划分，他们共同构成广州森林资源的整体。生态防护林体系是基础，体现了现代社会对林业"生态优先"的主导需求，是生态文化林体系和生态产业林体系实现持续、健康发展的保障，而生态文化林体系和生态产业林体系是对生态防护林体系生态功能的有效补充，可以满足人们的经济、文化需求，避免或延缓生态防护林体系可能面临的破坏压力，发展绿色产业和弘扬绿色文明，为广州林业的发展带来了巨大的活力。具体内涵是：

　　（1）生态防护林体系。生态防护林体系是指以提供涵养水源、保持水土、防灾减灾等功能为主的森林。主要包括水源涵养林、水系防护林、山前缓冲地带森林、沿海防护林、污染隔离林等类型的森林资源，其主体应该是以地带性植被为主的自然林，发挥生态功能是第一位的。它对全市的生态环境起着主要控制作用，是长期稳定的。主要以原有的山地森林资源为主，并针对整个广州市域乃至周边地区的防灾需要、生态敏感区维护、人居环境需要等设置，具有保护生物多样性，减轻水土流失，净化空气，改善河流水质，阻隔病虫害传播等多种生态功能。

　　（2）生态文化林体系。生态文化林体系是指以体现地域文化特色，彰显森林景观美景，并兼有环境科普教育功能的森林。主要包括广州的森林公园、名胜古迹林、风水林、古树名木、各类纪念林、道路河流沿线绿化带和生态风景林，它是弘扬森林文化、提高公民环境意识、建设生态文明社会的重要内容，也是广州林业的一大特色。它在发挥改善环境功能的同时，更主要的是对城市历史文化的反映，具有传承岭南历史文化的功能。发展这类纪念林，有助于增强人们的环保意识，丰富森林文化内涵，弘扬广州的绿色文明。

（3）生态产业林体系。生态产业林体系主要是指市域范围内以提供果品、苗木花卉、林副产品、木材为主的经果林、苗圃、用材林等生产性林地，是对生态保障林体系的补充，对改善全市的生态环境起着增强作用，更主要受产业的经济效益左右，在一定的时期内是随市场波动的，但这部分林地面积、树种的波动不会对全市的生态环境产生大的影响。因此，广州生态产业林体系建设要以服务广州市的居民消费需求为主，面向整个珠三角地区，发挥比较优势，发展以观光林业为主、多种产业复合发展、具有广州特色的高效产业林体系。

（二）空间布局

从广州市的自然生境条件、环境质量状况、生态敏感区的分布、城市化程度、社会文化需求等方面进行城市生态分区，对广州森林的功能进行定位，并针对与林业建设有关的生态环境问题，从建立健全广州森林生态系统以保障国土生态安全的角度，提出布局的建议和依据。

1. 布局依据

（1）市域综合生态功能区划确定森林目标类型。广州地处南亚热带地区，植物资源种类丰富，植被类型多样。在地貌特征上，广州依山跨江靠海，境内有山地、丘岗、平原、海滩等多种地貌类型，以广州市区为中心的城镇星罗棋布。因此，林业建设首先要根据广州的生态功能区划确定森林目标类型。目前，广州生态功能区划有几种方案，虽然称谓上有所不同，但在内涵、建设目标等方面是一致的，这里我们采用中国科学院建设部山地城镇与区域环境研究中心、中国科学院生态环境研究中心和广州市规划勘察设计研究院提出的方案，即按照地貌、水热组合划分为4个一级生态区：中北部中低山地生态区、中部丘陵台地生态区、中南部平原生态区和南部河口生态区。在此基础上，根据不同生态功能区的建设目标确定林业建设的重点林型。

（2）综合环境质量区划确定防护林布局。

污染状况：综合分析影响广州市环境质量的空气质量、水系水质以及土壤重金属污染等主要因子的现状和分布特征，广州的环境污染主要集中在城区、工厂周围、城东南地区，此外，佛山、东莞等广州周边地市的外源污染物输入也很严重。在城郊、新城及工矿周边地带，建设绿化隔离带；同时，加强森林公园、湿地公园、沿河绿色廊道等生态保护和恢复工程的建设，能进一步起到缓解污染、修复土壤、改善生态、美化环境、满足休闲等作用。

风廊通道：广州市 4~7 月多东南风，9 月至翌年 3 月多东北风，冬春季 50% 吹北风，全年 6 级大风天数为 67 天，在东南部丘岗沙田地区应加强林水结合的隔离带、防护林体系和湿地保护区建设，强化广州"南肺"功能，为广州城区输送清新的空气，强化生态服务功能。同时，考虑到广州东南季风的盛行及东莞、虎门等地大气污染对城区空气质量的影响，在城东南地区应建设空气污染防护带。

水源保护地：北部、东北部山区，加强森林建设，有利于流溪河、增江等流域水源涵养、水土保持，减轻洪水危害；加强河流、湖泊水岸林建设，有利于防洪固堤，减轻面源污染；在地处广州城区下方的城东南丘岗沙田地区，加强林水结合的森林建设，有利于净化水质，改善土壤，调节气候，改善生态环境。

（3）综合生态敏感区确定生态保护林布局。生态保护林是指针对广州生态敏感地段而布局和建设的绿色地带。城市生态敏感区是环境功能分区之一，是重要的城市空间资源，生态敏感区的划定是城市生态保护林规划布局的重要依据之一。

有关单位通过对广州市域地质构造、基本农田、山地森林资源、水源保护区、地形地貌条件、用地类型及生物多样性等自然生态方面因素的分析，对广州市域的生态敏感性进行了综合评价。这里，我们从林业发展与生态敏感地区相关程度考虑，并结合广州市总体规划以及自然保护区建设设想，确定广州的生态敏感区主要有：地下水源补给区、城乡结合部、城市组团交错区、工矿周边区、山地平原交错带、河流水系沿岸、公路干线两侧、沿海滩涂区等。

（4）根据城市潜在发展态势预留生态建设空间。根据广州制定的未来城市发展规划，广州城市发展重点是"南拓北优，东进西联"。"东进"战略有效缓解老城区向北部的扩展压力，向东形成城市发展带，而"南拓"战略使广州具有更广阔的发展空间。因此为了避免城区连片发展带来的环境问题，要结合现有地势地貌建设功能区之间的生态隔离带，特别是番禺地区城市化发展迅速，要利用天然的珠江水道和保留的果园、丘岗林地强化广州的"南肺"功能。加快以南沙经济开发区为核心的南部沿江新城建设，通过水路、跨江大桥，东与东莞、深圳、香港相连，西与中山、珠海、澳门相通，成为连接珠三角城市群的中心地带。因此，根据城市生态学、景观生态学等原理，新城内部和周边地带应该预留充足的生态建设空间，上游地区水环境也要大力改善。基于这方面考虑，在东南地区除了要保护现有的林地资源以外，重点要做好林水结合建设的文章，大力优先建设森林公园、沿江湿地恢复植被带、沿海湿地保护公园等植被建设工程，同时要结合水利工程，加强内陆河道沿岸绿化和增强排水能力，为把本地区建设成为广州乃至珠三角城市群未来的核心创造良好的生态环境。

（5）针对森林生态系统破碎化问题规划建设生态廊道。景观格局分析表明，广州中南部地区森林、湿地等自然生态系统受城镇、道路等人工建筑用地的挤压、切割，总体面积不断减少，而且大多呈孤岛状等形式存在，内部的各种联系被切断或弱化，一方面降低了生态系统的功能，同时也造成生物生境的显著破碎化，生物多样性受到威胁。迫切需要加大核心林地和湿地的保护建设力度，迫切需要加大贯通性生物廊道的规划与建设力度。因此，把现有的生态斑块通过各种级别的生态廊道连接起来至关重要。无论是在城市建设用地的规划设计中，还是在交通道路、水系改造等工程建设中，都要把加强不同自然生境之间的连接廊道问题加以认真考虑，规划建设主干森林生态廊道，通过架桥、保留森林建设用地等措施预留生态廊道的建设空间和连接通道，减轻因城市建设、道路建设等造成的生态系统破碎化影响。

（6）综合考虑社会、历史、文化、美学等需求因素。根据交通便利性、空间布局均衡性、休闲旅游、森林美学、园林文化等因素需求，确定森林的类型、规模、空间布局、植物配置。鉴于目前森林资源主要分布于北部山地，东南部森林相对不足，生态体系功能薄弱，而这一地区既是广州城市未来发展的潜在空间，也是广州市区生态环境改善的重要保障。本地区地势低洼、排水不畅、上游来水污染严重，针对这种状况，通过河渠护岸林建设和水道疏浚工程，提高河流水系的净化排污能力，并加强沿海防护林和红树林湿地公园建设。建成后，既能够充分发挥林水结合的良好生态功能，促进水产养殖业发展，又可以满足当地居民休闲娱乐需求。从而在整体上形成北部青山绿水，南部田园碧海的城市外部生态格局，既符合森林美学对称性布局原则，也与公众传统的文化心理相协调。

2. 布局框架

以中国森林生态网络体系点、线、面布局理念为指导，按照"林网化—水网化"的林水结合规划理念，以城区为核心，以建设生态公益林为重点，结合湿地系统的保护与恢复，全面整合山地、丘陵、岗地森林，道路、水系、沿海各类防护林、花卉果木基地、城区绿地、城镇村庄绿化等多种模式，建立山丘岗地森林为主，各类防护林相辅，生态廊道相连，城镇村庄绿化镶嵌，"一城三地五极七带多点"为一体的森林生态网络体系，实现森林资源空间布局上的均衡、合理配置。

（1）一城。是指广州城区的绿化建设，包括天河、白云、萝岗、越秀、荔湾、海珠、黄埔七区。

广州城区是经济最为发达、人口最为密集的地带，是林业提供生态服务的核心。城市绿化建设既是改善城市生态环境，提高人居质量的重要途径，也是最能够体现都市林业特色，提高城市综合实力和国际竞争力的有效举措。

① 城市中心区：主要是指广州的传统中心城区。城区的绿化建设既要与悠久的园林文化相结合，更要与时俱进，从过去比较注重视觉效果转移到既注重视觉效果又注重人的身心健康轨道上来，实现城市人与自然的和谐。

② 东部扩展区：主要是指广州城市东扩战略涉及的黄埔区、罗岗区和增城部分城镇。绿化建设主要是以现有丘岗林地为核心，大力发展生态风景林；同时结合城市发展趋势，加快以林为主的隔离地区绿化建设。

③ 南部发展区：主要是指广州城市珠江水道以南和番禺区之间的荔湾区芳村、海珠区等快速发展的城区。以芳村、海珠区现有的花卉基地、果园为基础，大力发展采摘、休闲为主的农林复合观光产业。重点加强海珠区现有林地建设，提高林地质量，逐步建设成广州的"南肺"；在荔湾区的芳村发展花卉盆景、苗木等城市绿化产业。

（2）三地。是指中北部山丘地、中南部丘岗地和南部砂田地的林业建设。

① 中、北部山丘地：中、北部山丘地森林保护区，包括从化、增城、

花都、白云等区市以及天河、黄埔部分地区范围内的森林公园、自然保护区、水源涵养林等森林资源，是实现"森林围城"战略的关键地区，也是广州城市森林生态系统的主体，是确保广州城市生态安全的基石。

② 中南部丘岗地：本地区处于海珠区和沙湾水道之间，城市发展速度快，是生态环境重点保护和建设地带。主要规划在城市功能区之间设置生态隔离带，道路和城市建设尽量维护区内众多岗地原有的自然地貌特征和植被特征，并以海珠区果树保护区、番禺北部农业生态保护区为主体，把这一地带建设成为广州的"南肺"。

③ 南部砂田地：本地区是指番禺区沙湾水道以南的部分以及南沙区，主要以沙田滩地为主。要结合本地区"水道众多，河网纵横"的自然地理特征，以河网水系及滨海绿化带、道路绿化带、公园、湿地自然保护区等为架构，把本地区建设成为广州观光生态农业、滨海湿地生态旅游业的地区，为广州南部的综合发展提供良好的生态环境。

（3）五极。是指花都、从化、增城、番禺、南沙五个区市以城区和近郊区为主的绿化建设。

① 花都：围绕花都发展定位，突出林业在生态屏障和产业发展两个方面的作用。一方面要提高城区绿地质量，加强城区周边地带的丘岗地森林恢复与改造，搞好城区和周边地区的绿化美化建设；另一方面要围绕新白云机场建设，完善主干道路林带建设；三是要结合花卉、绿化苗木生产、林果等发展相关产业。

② 从化：本地处于广州重要水源供应地，有良好的森林大环境依托。城市林业建设要在提高城区绿地质量的基础上，重点加强城区周边地带的林业建设。一是要加强水源涵养林和水土保持林保护和建设，结合城市污水净化处理，营造青山秀水的优美环境，保障广州的清洁水源；二是要结合荔枝、龙眼等果园的提质增效，发展观光林果产业，拓展广州乃至珠江三角洲市场的市场空间。

③ 增城：由于地处山区河谷地带，周边有比较好的森林环境。林业发展要围绕城市发展定位，突出林业绿化建设在促进旅游经济当中的主导地位。一是要加强城市周边地区岗地森林恢复，建设生态风景林，为增城的环境改善服务；二是要加强森林、湿地景观资源开发，发展森林旅游产业。

第五章　发展目标和总体布局　61

④　番禺：作为广州"南拓"的重点地区，城市发展既要实现与广州城区的有效连接，又要避免完全的建筑"融合"。林业绿化建设要在提高城区绿地质量的基础上，与城市发展规划和绿地系统规划相结合，重点保护好丘岗森林和构筑生态廊道。一是强化与广州城区之间复合型隔离廊道的建设，使大夫山森林公园、滴水岩森林公园、十八罗汉森林公园、野生动物园以及中间保留的基本农田构成广州城区与番禺城区的生态隔离带；二是加强主干道路、水系的林带建设，形成不同绿岛之间的连接带和不同功能区之间的隔离带。

⑤　南沙：南沙是广州未来经济社会发展的重要地区，目前该地的城市建设发展迅猛。要结合城市发展作好林业建设规划，特别是与城市绿地系统规划和开发区建设规划相结合，避免走先建后拆、拆迁插绿的老路，重点加强南沙城区丘岗林地的保护和改造，加强湿地、沿水岸带防护林、农田防护林网建设，为城市发展预留足够的林业生态建设空间。

（4）七带。为维护广州市域的生态平衡，应基于区域与城市生态环境自然本底及其承载能力，选择适合于区域与城市的生态结构模式进行生态绿地布局。规划以"山城田海，水脉相连"的自然特征为基础，重点在生态敏感地带构筑 7 条主干"区域生态走廊"，建构多层次、多功能、立体化网络式的生态结构体系，构成市域景观生态安全格局。区域生态廊道的规划建设不能局限于单一的林或者水的单一概念，而是以林为主，包括林地、农田、果园、水体、园林绿地等多种要素在内的复合生态廊道。

①　北部山前缓冲带：是广州北部山区与城市之间的交错地带，生态环境比较敏感，森林资源质量不高，经济果木林发展面积大，同时许多山体受到采石开垦破坏，需要加大恢复力度。以恢复森林植被为目标，结合城镇绿化美化需求，重点建设生态风景林。

②　流溪河生态保护带：流溪河是广州城区主要的水源供应渠道，对保证为广州市民提供清洁安全的饮用水至关重要。主要是指流溪河从化太平镇以下河段的沿岸绿化带建设。为保护流溪河水质，净化沿线面源污染，在沿岸建设一定宽度、自然模式为主的沿河生态防护林带。

③　西部污染控制带：南起洪奇沥水道入海口，穿过滴水岩、大夫山、芳村花卉果林区，北接流溪河及北部山林保护区。结合佛山在广州边界规划建设的绿色廊道，利用水岸林建设连接现有块状绿地形成绿色廊道，

既可以控制西部城区连片发展，也可以阻隔、净化广州—佛山之间的粉尘、大气污染传播。

④ 东部湿地恢复带：南起珠江口，经海鸥岛、经济技术开发区西侧生态隔离带至北部山林地区。结合东莞在东江沿岸规划建设绿化林带，形成沿江林水结合湿地恢复带。一方面净化水质，恢复湿地环境；另一方面形成的林水结合湿地与海珠区果园、番禺区东部林地共同构成广州东南部的巨型绿地，成为广州和东莞之间的"绿肺"，为广州、东莞市区输送清新湿润的空气，改善城市环境。

⑤ 中部城区隔离带：是指钟村—莲花山生态廊道。位于中心城市和南部新城之间，西起大石、钟村镇西部的农业生态保护区，经以飞龙世界、香江动物园、森美反斗乐园为基础的中部山林及基本农田保护区，向东经化龙农业大观、莲花山，延伸至珠江。廊道主要作用是在中心城市和新城之间形成一条东西向的生态隔离带。

⑥ 南部水体净化带：是指沙湾—海鸥岛生态廊道。包括沿沙湾水道和珠三角环线及其以南大片农田。主要作用为保护市域的城市发展，控制城市的无限制蔓延，并加大南岸的绿化建设，增强净化功能，为南部农田提供安全屏障保护。

⑦ 沿海生态屏障带：是指南部沿海滩地防护林建设地带。重点把湿地保护与沿海防护林建设结合起来，为发展水产养殖、观光旅游等生态产业提供可靠的环境保障。

（5）多点。市域范围内石滩、太平、沙湾、狮岭、江高、新塘、鳌头、石楼、炭步、太和、良口、中新、花东、钟落潭、大岗等村镇的绿化建设。

随着广州城镇化进程的加快，城区以外的中心镇建设对于有效缓解广州城区人口、资源、环境压力，以及改善投资环境，促进城乡协调发展发挥着重要作用。从2003年开始，市政府对65个镇进行调整撤并，建立中心镇。通过加强这些地方的造林绿化建设，更好地发挥森林改善城镇生态环境的作用，满足人们休闲旅游、文化等多种需求，把广州农村地区建设成为广大市民向往的具有田园风光、环境优美的现代化新型城区，以利于实现整个市域协调发展和全面建设小康社会。

（三）建设重点

广州市域按照空间景观特征来看，可以划分成四个区域，即北部低

丘区、山前城市区、中部丘岗地区和南部砂田区，从林业规划建设的内
容来看，其核心是"三林三园三网三绿"，具体可以表述为：

山区育三林——水源涵养林和水土保持林、风景游憩林、产业原料林，
林保生态安全；

低丘造三园——森林公园、绿海田园、生态果园，园供观光休闲；

平原织三网——河流林网、道路林网、海防林网，网护鱼米之乡；

城区建三绿——绿岛镶嵌、绿廊相连、绿楔分隔，绿促人居和谐。

在市域绿化上，重点是构建森林生态网络，保障地区之间协调发展
和生态一体；

在山区绿化上，重点是提高现有森林质量，实现森林生态系统稳定
和生物多样；

在低丘绿化上，重点是保护生态用地数量，提供城市发展生态空间
和观光休闲；

在平原绿化上，重点是优化林网结构布局，建设林农林渔绿色产业
和鱼米之乡；

在城区绿化上，重点是增加城市三维绿量，促进城市生态环境改善
和人居和谐。

对于广州市域乃至整个珠江三角洲地区来说，城市可以形成多个组
团，产业可以各有优势，但生态建设必须总体协调。通过上述林业发展
总体规划的实施，有利于本地区的生态融合，促进实现区域生态一体化，
从而为广州乃至整个珠江三角洲地区的可持续发展提供可靠的生态安全
保障。

第六章　林业工程建设规划

一、城区森林与村镇绿色家园建设工程

城市森林是城市中唯一有生命的基础设施，在改善城市生态环境和人居环境方面发挥着主体作用，是建设现代城市不可缺少的重要内容、社会经济发展的重要指标、城市文明的重要标志。通过建立相对稳定而多样化的城市森林生态系统，能够有效控制和改善城市的大气污染、热岛效应、粉尘污染，解决城市居民游憩休闲、生态保健等实际需要，全面提高城市人居环境质量。城市森林工程建设是推进广州现代化大都市进程的有力举措，也是落实"一城""五极""多点"规划布局的重点工程。

（一）建设范围

"一城"建设范围包括广州市城 7 区，以越秀、荔湾、海珠三区为核心，以天河、黄埔、萝岗、白云四区为重点。

"五极"建设范围包括花都、从化、增城、番禺、南沙区（市）的城区。

"多点"建设范围包括全市范围内的狮岭、太平、石滩、江高、沙湾等村镇的绿化。

（二）建设目标

以防护、分隔、优化为目标，按照"城在林中、路在绿中、房在园中、人在景中"的布局要求，初步建成以林木为主体，总量适宜、分布合理、植物多样、景观优美的城市森林生态网络体系，形成森林围城、围镇、围村、人居在林中的格局，实现"天蓝、水清、地绿"和"空气清新、环境优美、生态良好、人居和谐"的战略目标。

二、山地森林保育工程

山区林业建设对保持水土、涵养水源、改善生态环境起到十分重要的作用，是广州城市森林生态系统的主体，也是确保广州城市生态安全的基石。实施山区森林保育工程，对把广州建设成为森林绿岗山、森林绕名城、森林保良田、森林护碧海的现代化大都市具有重大战略意义。但山区现有森林资源质量还不高，需要通过补植改造、加强抚育管理，调整林分结构。该工程是落实总体布局中"三地"中的中、北部山丘地林业建设的主体工程。

（一）建设范围

山地森林保育工程建设范围包括从化、增城、花都、白云等区市、天河、黄埔、萝岗等区范围内的山地森林。

（二）建设目标

重点是优化森林结构，提升林分质量，提高物种多样性，增强森林涵养水源、净化水质、减少水土流失的功能；建立一个稳定、高质、高效的森林生态系统，形成优美的山区自然生态景观，为发展生态旅游创造良好的环境，拓展山区农民致富途径。

三、湿地及沿海防护林保护与建设工程

湿地作为陆地系统与水域系统相互作用的过渡地带，是地球上最具生产力的生态系统之一。湿地为人类提供许多重要的服务，同时也是生态脆弱易于变化的生态系统。

广州市域水网纵横，跨江靠海，湿地资源非常丰富，是连接广州整个市域生态系统的脉络。加强湿地保护与恢复，发挥湿地在调节城市气候、净化水质、保护生物多样性等方面的功能，建设林水一体的城市森林—湿地生态系统，对于改善城市生态环境具有重要作用。该工程是实施"七带"战略中与湿地生态系统有关的重要工程内容。

（一）建设范围

根据广州湿地分布特点和实际，湿地保护和恢复建设工程包括流溪河及增河沿线湿地、南部水网地区湿地、沿海滩涂及红树林湿地、农田湿地等建设区域。

（二）建设目标

通过对湿地生态系统的保护与恢复，提升湿地的生态环境服务功能价值，使湿地具有维持广州市及周边地区的生态安全、支持与保护社会经济可持续发展等功能。

四、生态廊道建设工程

生态廊道工程是维护广州市生态环境、促进社会经济可持续发展和现代化建设的重要工程，是促进对外开放的重要窗口，建设高标准的生态廊道是广州市森林生态网络体系建设的重要内容，是落实规划中"七带"（山前生态缓冲带、沿海防护林除外）建设的具体举措。把现有的生态破碎化的斑块通过生态廊道连接起来，建设主干森林生态廊道，减轻因城市建设、道路建设等造成的生态系统破碎化影响。

（一）建设范围

包括流溪河流域沿线的生态保护带、与佛山市接壤的西部污染控制带、与东莞市接壤的东江流域沿线的东部森林植被恢复带、以广州市南肺为主体的中部城区隔离带、以沙湾隧道为主体的南部水体净化带、以番禺莲花山至南沙万顷沙沿海一线为主体的沿海防护林生态屏障带。

（二）建设目标

在河流沿岸、道路、城市和城区组团之间构筑完善的市域生态防护林带网络体系，建构多层次、多功能、立体化网络式的森林生态系统，构成市域范围内不同景观斑块格局生态安全体系。

五、山前生态缓冲带建设工程

山前生态缓冲带是广州北部山区与广州城区之间的交错地带，属低丘平原地貌，生态环境比较敏感，森林资源总量不足，林分质量不高，经济果木林发展面积大，同时许多山体在开发建设过程中受到较为严重的破坏，需要加大恢复力度；同时，该区域也是广州市新白云机场、时尚居民住宅区等的重点发展区域。保护和恢复山前生态缓冲带的森林生态系统，对北部山区输送给广州市的水源的水质保证、提升广州市生态环境和人居环境质量至关重要，具有重要的社会、生态和经济意义。

（一）建设范围

本过程建设范围包括花都区、从化市、白云区、天河区和黄埔区的低丘平原地区。该区域市政建设的强度大，可利用的林地多呈斑块状，破碎化程度高，应尽可能利用村镇道路、水系等将各斑块联络，构建完善的点—线结合的山前生态缓冲林带。

（二）建设目标

以恢复森林植被为目标，结合城镇绿化美化需求，重点建设生态风景林。在残次林地段，采取封山育林、封育结合等实施恢复森林植被；在尚未绿化的荒山荒地，以及土层瘠薄、岩石裸露等立地条件极差的退化地，按照高标准要求恢复植被，构建具有南亚热带季风常绿阔叶林基本特征的森林群落。以培育复层异龄混交林为目标，实行乔、灌、草立体配置，尽快恢复森林植被，建立一个稳定、高质、高效的森林生态系统，使其水源涵养、净化水质能力显著提高，水土保持能力明显加强。

六、特殊地段植被恢复工程

广州市南部的丘岗大多为沉积岩和紫色砂页岩发育的土壤，立地条件差，有机质含量低，保水保肥性能差，呈现出干旱、瘠薄、坚硬、有机质含量低、酸性强等特点，其植被多以稀疏松林、桉树林和灌草为主，丘岗下部立地条件较好的多开发成经济林果。丘岗区域的整体生态环境功能非常低下。

采石场是改革开放以来广州市经济建设高速发展时的产物，采石场在给当地居民带来丰厚经济收入的同时，也留下了诸多的环境隐患，严重破坏了自然资源、破坏了生态环境和城市景观，反过来又影响投资环境的改善，制约了广州市的社会经济可持续发展。

随着城市人口的增加，市区范围不断扩大，以及工业化的快速发展等，城市垃圾数量的增长速度很快，城市垃圾填埋场所的需求量也越来越大。垃圾场的有毒物质随着地表水的下渗，对江河水质和地下水质产生较大的影响；垃圾在分解过程中排放一些有毒气体严重污染空气，造成大气、土壤、水环境质量的下降。

因此，特殊地段植被恢复，无论从改善环境质量、提高生态景观效益等方面，均具有重要意义。

（一）建设范围

本建设工程范围主要包括广州市南部的丘岗荒地，以及全市范围内的采石场、垃圾场等特殊地段。

（二）建设目标

1. 丘岗荒地

按照地带性数量群落学的要求和植被演替的基本原理，采用耐旱、耐瘠薄的乡土植物先锋种类，首先构建演替早期的森林群落，之后逐步加入其他乡土阔叶种类，最终达到具有较强的生态环境保护功能和景观功能的地带性森林群落的目标。

2. 采石场

按照现代生态学的理论和原则，采用一系列科学合理的工程措施和生物措施，以恢复和营造一个良好的生态环境和取得较佳的生态效益目标，构建演替前期的目标植物群落（草本、灌木或藤本植物群落）；通过恰当的养护和管理措施，使采石场逐步过渡到自然群落，最终形成一个可自我更新、系统循环顺畅的稳定高效的生物群落。

3. 垃圾场

在垃圾场及其周边范围内，选择具有净化垃圾有害物质的植物种类，将垃圾场复绿，构建稳定的森林群落。

七、森林公园与自然保护区建设工程

森林公园、自然保护区是生态环境建设的重点之一。森林旅游是赋予林业行业"绿色产业"的重要组成部分，是现代林业不可缺少的重要内容，是近年来发展起来的新兴产业，在广州有巨大的发展空间和潜力。大力发展广州的森林旅游产业，是建设广州山、水、城、田、海的生态城市格局、促进社会经济可持续发展的重要举措，对满足广大市民追求自然、返璞归真、观光休闲的绿色消费需求，促进山区农民脱贫致富，带动林业相关产业的发展，具有重要意义。建立和完善自然保护区网络，是保护自然资源和生态环境、促进国民经济和社会可持续发展的需要，是保护生物多样性和维护生态平衡的需要，也是建设广州生态城市、深化林业改革的需要。因此森林公园和自然保护区建设是广州生态城市建设不可或缺的重要组成部分。

（一）建设范围

森林公园和自然保护区建设工程范围主要包括广州市具有良好森林基础条件和开发利用条件的山区、岗地、平原和沿海地区，凸现"青山、碧水、蓝天、绿地、花城"的森林生态旅游格局，尽可能将南亚热带季风常绿阔叶林、国家重点保护野生动植物的主要栖息地和繁衍地、具有重要科研价值和森林另有价值的风景林、水源林、水保林、休憩林等规划成森林公园和自然保护区。

（二）建设目标

合理开发和充分利用广州丰富的自然景观、人文景观、历史遗址和动植物资源，同时考虑广州城市建设、人民生产、和生活国民经济可持续发展对自然资源环境的基本要求，最大限度地建设森林公园和自然保护区，促进生物多样性和森林生态系统的保护，促进森林旅游业的发展。到建设末期，使全市森林公园总数达到 50 个，自然保护区达到 5 个，其中省级自然保护区 1 个。

八、特色林业产业建设工程

地处华南沿海地区的广州市具有自然条件优越、水热资源丰富的特点，是我国林业产业发展和林业生态建设的重要地区，肩负着特色林产品生产和生态环境建设的双重任务，加快全市以用材林为主的商品林、以特色林果和特色花卉产业基地建设，发展集约型林业产业，增加木材等林产品的有效供给，减轻生态环境建设的压力，是广州市林业发展的一条重要途径。

广州市目前有 14 万公顷商品林用地，其中约 1.3 万公顷为速生丰产林，3.2 万公顷为热带南亚热带林果为主的经济林，8.13 万公顷为生产力较低的一般用材林，需要加以改造。另外根据广州市对特色森林产品的需求，建立具有地方特色的经济动植物饲养和种植基地。

（一）建设范围

本工程建设范围主要包括从化、增城、花都、白云、黄埔、萝岗等区（市）的大部分坡度在 25° 以下的山地和丘岗，土壤条件较好，土层深厚，肥力较高，易于耕作和集约化经营。建设主体为 3.6 万公顷（54 万亩）生产力较低的一般用材林地段，以建设高产高质的特色林业为主。花卉及林木种苗基地以芳村和番禺的相应产业基地为主。在从化、增城等山区以经济动植物饲养和种植为主。

（二）建设目标

通过提高特色林业的经营管理措施，采用科学的经营手段，极大限度地发挥特色林业的价值潜力，并通过合理调控手段，减少水土流失，提高森林生态系统的水源涵养等生态功能，使特色林业特别是速生丰产林林、经济林、经济动植物饲养和种植等在具有较高经济效益的同时，也具有较高的生态环境效益，极大地减少对生态环境的负面作用，真正承担起生态环境建设和林产品供给的双重任务。

九、森林灾害防控与森林资源保护能力建设工程

本工程森林防火基础设施、森林病虫害与外来入侵有害生物控制、森林资源保护能力建设等三个方面。

（一）森林防火基础设施建设

进一步提高森林火灾防控能力，努力实现森林防火正规化、专业化、现代化。完善全市森林防火林带，将生物防火林带的建设重点从山脊转向"三边"（路边、林边、村边）；建立较为完善的森林火灾扑救系统；在第一期森林防火信息系统的基础上，结合林业数字化建设工程内容，继续完善林火扑救指挥系统，运用现代科技提高火情发现能力、火险预测预报能力和林火扑救的快速指挥调度能力。

1. 建设范围

市、区二级森林扑火设备和设施；全市范围内的所有林地，均建设相应的森林防火基础设施。

2. 建设目标和内容

建立完善和先进的森林火灾防控和扑救基础实施系统，包括：防火瞭望塔和视像监控系统；林火阻隔（防护林带）系统；山地蓄水池；扑火设备、森林防火通讯系统；防火物资储备库等。

（二）森林病虫害防治

准确把握林业病虫害防治工作的新形势、新任务和新要求，逐步实现林业病虫害的持续控灾。对森林病虫害及外来有害物种的控制由被动、消极的救灾型转向主动、积极的预防型；由治标型向标本兼治、

以治本为主的转变；从单一的、化学农药防治为主向综合的、生物制剂和生态控制防治为主。使森林生态环境达到良性循环，森林对病虫害等灾害的自控能力进一步加强。

1. 建设范围

全市范围内的所有林地病虫害控制、花卉苗木果品木材检疫工程、林地、绿地的外来有害植物的入侵与控制等方面。

2. 建设目标和内容

在广州市森林病虫害测报中心的基础上，森林病虫害与外来有害物种监测预警体系，建设和完善广州市森林病虫害和外来有害物种管理中心，基本建成较完备的市、区（县、市）和乡镇三级预测预报网络；建立和完善隔离试种苗圃，对新引入的苗木、种子进行检疫、隔离试种和科研；开发和推广无公害防治技术，减少环境污染，保护生物多样性。

（三）森林资源保护能力建设

（1）建设目标。进一步充实森林公安队伍，理顺机构，逐步改善森林公安基础设施，更新各类装备，提高森林资源保护能力。

（2）建设范围和内容。广州市森林公安系统，包括队伍及体制建设、森林公安基础设施和硬件建设、更新警用装备等。

十、林业科技创新平台建设工程

以现代科学理念，搭建林业科技创新平台，提高林业科技创新能力，加速林业科技成果转化，推进林业科技进步。逐步形成科技、产业、经济一体化的林业科技体系。

（一）建设范围

在全市构建较为完善的林业科技服务平台和林业信息数字化服务平台。

（二）建设目标和内容

（1）建成比较完善的城市森林科研监测、技术开发与推广服务体系等。

建设内容包括：广州市城市森林生态效益监测网络体系工程、林业工程评价与监理专家系统及招投标中心、科技支撑项目体系、完善科技开发与推广服务体系等方面。

（2）林业信息数字化服务平台的建设目标是实现可持续的森林资源经营管理，提高林业管理现代化水平、提高林业重点工程的建设成效、提高林业决策的科学性。

　　建设内容是在广州市第一期森林防火信息系统的基础上，扩大和完善该系统的林业信息管理能力和功能，包括：森林资源管理和动态监测信息系统、森林防火信息系统（二期）、林政资源管理信息系统、森林病虫害监测信息系统、绿化管理信息系统、生态公益林管理信息系统、野生动植物管理信息系统、林业电子政务信息系统、林业科技管理信息系统、林业旅游（含自然保护区）管理信息系统等方面。

第七章 广州市林业中长期发展规划

一、广州市未来林业发展形势与需求分析

（一）林业建设回顾与"十一五"展望

1."十五"期间林业建设回顾

"十五"期间，广州林业围绕市委、市政府建设适宜创业发展和适宜生活居住的现代化大都市发展目标，把林业作为重要的城市基础设施来建设，实施"森林围城、城在林中"战略，以青山绿地工程建设为切入点，大力发展城市林业。广州市在造林绿化工作中贯穿"以人为本、生态优先"原则，城市林业建设取得了明显成效。到2005年年末，广州市林木绿化率达到42.2%，森林覆盖率达到38.0%，森林布局进一步优化，森林质量显著提高，森林生态服务功能明显增强。

（1）是森林总量增加，布局进一步优化。2003年广州启动了多部门多行业协同参与的"青山绿地工程"，加强城市林带、林区和城市园林建设，全力建设城市森林生态体系，三年新增和改造绿地119平方公里，同时对338个、共14.9平方公里的采石场进行整治复绿。工程根据市域"三纵四横"的生态廊道布局，以生态规划和园林造景的手法探索广州市森林建设模式。主要通过建设主干道景观林带、城区周边林区和进出口道路景观节点，以主干道林带作为生态廊道，连接中心城区的园林绿地和城郊的森林绿地，构建有特色的"林带＋林区＋园林"的城市森林体系。林业部门牵头组织实施的林带林区工程建设，新增和改造绿地达95.5平方公里，其中新增绿地47.57平方公里。在城市的1350平方公里范围内绿地率提高了3.5个百分点，人均绿地面积增加了6.34平方米；在城市东南部新增和改造绿地64.1平方公里，在一定程度上改善了广州森林资

源"北多南少、东西更少"的状况，绿地布局更加合理优化，"林带+林区+园林"的城市森林生态体系初步建成，森林围城的目标正逐步实现。

（2）是森林质量提高，功能进一步增强。首先，通过实施分类经营和林分改造，公益林面积大幅度增加，森林的树种组成和年龄结构得到有效调整，林分生产力显著提高。至 2005 年，全市共规划建设生态公益林 239.04 万亩，占全市有林地面积的 53.2%，其中 121.5 万亩省级生态公益林已完成区划界定工作。通过加大林分改造的力度，混交林比例达78.2%，优良林分比例占 85.1%，林分单位面积蓄积量比"十五"初期提高了 16.4 个百分点；通过封育管护和林分改造等措施，使疏残林、低效林逐年减少，一、二类生态公益林的比例分别达 32% 和 59.2%。其次，各具特色的森林大道和绿色长廊初步建成。采用内灌外乔、林水结合、"林区+田园风光"等模式，大力建设公路、铁路和河流林带，使城市主干道、主要出入口的林带由无到有、由窄变宽、由疏变密、由断变连，景观效果和生态功能不断提高。第三,通过着力抓好重点森林公园基础设施建设，流溪河、石门国家森林公园和各区、县重点建设的 17 个森林公园基本建成，森林资源得到有效保护，满足了市民森林生态休闲旅游日益增长的需求。

（3）是森林资源和野生动植物得到有效保护。森林防火和森林病虫害防治工作力度不断加大。组建、装备了 1000 人的专业或半专业森林消防队伍，完成了基于"3S"技术的森林防火指挥中心首期工程建设，建设了长 2258 公里、面积 5.08 万亩的生物防火林带，防范、指挥、扑救森林火灾的能力大大提高。森林病虫害防治率保持在 90% 以上。同时，加大野生动物保护管理和执法检查的力度，侦破了"11·21"等一批破坏野生动物资源重大案件，非法猎捕、运输、销售、摆卖野生动物的违法活动得到遏制。配合疫病防控的需要，部署开展了扑杀果子狸等高危野生动物行动和防控高致病性禽流感专项行动,为夺取抗击"非典"的胜利，防控疫病在人和动物间可能发生的相互传染作出了贡献。

（4）是以绿色经济、生态经济为特色的林业产业初具规模。首先，森林生态旅游业蓬勃发展。编制完成《广州市森林公园、自然保护区建设与发展规划》并组织实施。全市共批建各级各类森林公园和自然保护区 50 个，面积 112.5 万亩，占有林地面积的 26%，占国土面积的 10.1%。

通过加快森林旅游基础设施建设，培育"三桠塘幽谷溯溪游""广东流溪梅花节""石门红叶节"等知名森林旅游线路和旅游品牌，大力发展森林生态旅游业，近5年实现森林旅游收入2600万元，年均增长10%。全市10个重点森林公园年接待游客525.9万人次。其次，开辟了商品林、经济林基地。建成以南洋楹、尾叶桉、马占相思、杉、竹为主的速生丰产商品林近50万亩；发展荔枝、龙眼、黄皮等各类经济林果面积达83.5万亩。经济林果年产值已达14亿元，占农业总产值的8.3%。第三，绿化苗木花卉产业发展迅猛。苗木花卉年产值为14.6亿元。据不完全统计，2004年全市林业苗木花卉从业人员达6163人。建成上规模的苗木花卉基地65个，年产苗木花卉4500万株，适应了城市绿化发展和市民不断增长的物质文化需求。第四，野生动物驯养繁殖业逐渐兴起。建立以观赏、科研、医药为主要用途的野生动物驯养繁殖企业20多家，年产值约3亿元。林业绿色产业呈现出良好的发展势头。

（5）是林业科技创新与管理能力不断增强。加大了森林资源管护、森林防火、森林病虫害防治和野生动物保护工作中科技支撑的力度。完成了基于"3S"技术的森林防火指挥中心首期工程建设。加大了林业科技投入，推进成果应用，引进专业人才。更加重视城市林业发展规划，森林防火工作和信息技术应用。各级主管部门重视发挥科学技术在林业经营管理中的作用。市林业局在8个重点风景区和森林公园，分别建立小气候、环境健康程度全自动检测体系，实现了环境质量的自动化监测、预报与定时发布。为加强公益林保护管理，增强生态公益林保护意识，颁布了《广州市生态公益林条例》，依法治林逐步走上轨道，使生态公益林保护建设进一步规范。抓经济补偿，切实保障林农的合法权益。生态公益林补偿标准由最初的每亩4元逐步提高到2004年的每亩13元，个别地方（如白云区）还自行配套了50%的补偿资金。

（6）是林业的地位显著提高，社会影响力越来越大。通过实施"青山绿地工程"和森林公园、自然保护区建设，广泛深入开展形式多样的全民义务植树活动，广大市民对林业的认知程度不断提高，各部门、社会各方面关心、支持林业建设的热情日益高涨，林业的地位不断提高。据初步统计，"十五"时期，各级财政投入林业的资金达13亿元，其中市财政投入8亿元，投入力度不断加大，有力地促进了各项林业工作的开展；大力倡导企事业单位、社会团体和个人通过以款代劳、认种认养绿地、管护古树名木、绿化公益宣传、门前绿化"三包"等方式履行义务。把 3 月 12 日"植树日"改为 3 月义务"植树月"，全市以各种形式履行植树义务人数达 791.48 万人次，直接参加义务植树人数达 141.03 万人次，植树 389.35 万株，全民义务植树尽责率达 75.38%。市民爱绿、护绿、建绿的生态文明意识已蔚然成风。

2."十一五"时期林业发展展望

2004~2005 年，广州市组织编写了《广州城市林业发展概念规划》和《广州市林业"十一五"发展规划》，提出了"一城、三地、五极、七带、多点"的森林总体格局，重点构建"三林、三园、三网、三绿"的城市森林生态结构体系。2006 年初，广州提出了在 2008 年创建"国家森林城市"，这是服务 2010 年举办绿色亚运和建设社会主义新农村的重大举措，对于提升城市生态品位，弘扬城市森林文化，实现生态、经济、社会协调发展具有十分重要的意义。

（1）是加强以广州城区为核心的城市森林生态体系建设。继续推进青山绿地工程等林业重点建设，在城区中心区 604 平方公里以外的市域范围内建设绿地 100 平方公里，其中新增绿地 61 平方公里，改造升级绿地 39 平方公里。在广州东、南、北各方向建立、完善、拓展五条贯穿城乡的道路林带，连接森林公园、中心镇村、绿色生态旅游景点等，形成贯通城乡、生态高效、景观优美的绿色廊道；在广州环城高速路两边建设 150~200 米宽的林带，完善森林围城的环城林带；加大近郊森林公园和生态风景林林分改造和升级的力度，增加具有岭南特色的乡土树种比重，优化森林群落结构，促进向亚热带季风常绿阔叶林群落方向发展，构建多层次、多样性的森林生态景观系统，满足市民日益高涨的生态旅游和森林休闲需求。

（2）是推进沿海防护林体系建设。逐步推进珠江口以南沿海骨干防护林带建设，着力抓好海堤基干林带、滩涂湿地红树林区、工业防护湿地林区和农田湿地林网等工程建设。通过加快沿海防护林、滨海水网区农田防护林建设，增加东南部地区的森林资源总量，增强防护林体系抵御台风、海啸等自然灾害的生态防护功能；加强南部水网滩涂湿地生态系统保护，增加生物多样性，完善湿地生态系统的结构和功能，充分发挥湿地"城市之肾"的功能作用。形成林水一体的"森林—滨海—湿地"生态系统景观。

（3）是开展新农村绿色家园建设。积极把社会主义新农村建设纳入林业的建设内容，开展林中村建设和风景林（风水林）建设工程。重点对近郊300个村庄进行"一园、一带、一林网"绿化建设，使村庄居民区绿化覆盖率达到35%以上，人均公共绿地面积达到10平方米，促进村容、村貌的绿化美化和乡风文明建设；针对全市现存的风水林进行修复和改造，优化森林结构，提升林分质量，提高物种多样性，增强森林涵养水源、净化水质、减少水土流失和美化环境的功能，建设山清、水秀、花香、民富的社会主义新农村。

四是促进花卉苗木产业建设。引导城区污染菜地种植结构调整和城郊花卉苗木产业基地建设，加快农业产业结构调整，对城市周边受污染的零散菜地，发展非食用种植业，形成政府引导、企业出资、城市增绿、农民增收的局面，进一步促进绿色特色产业的发展。

（二）中长期林业需求分析

在2010年之后，经过"十一五"时期广州经济社会的全面快速发展，城市发展对城市林业的需求将发生深刻的变化。届时，广州林业将进一步面临社会主导需求、消费层次、资源配置方式的深刻变化，有限的林业生产力与社会对林业日益增长的多种需求，特别是生态社会文化需求的矛盾，将构成此后相当长一段时期内林业发展的主要矛盾。在这种主要矛盾的推动下，广州林业建设将进入新的发展阶段，以已有的林业发展为基础不断提升城市林业发展水平成为必然。

1. 生态需求

世界各国特别是发达国家十分重视城市森林建设，将其作为改善城市生态环境的重要途径。以发展城市森林为重要内容的生态城市建设被认为是21世纪城市建设的理想模式。广州发展城市林业顺应了世界林业发展的潮流。

广州作为中国最具发展潜力的珠江三角洲城市群的中心城市，城区范围不断扩大，城市产业迅速发展，城市人口不断增加，城市化进程快速推进成为不可逆转之势。在这种形势下，广州的生态环境形势也将更加严峻。由于生态型绿地面积的缩小，工业的发展，汽车数量的增加，城市热岛效应、空气污染、噪音污染、水污染、土壤重金属污染、生物多样性减少等生态环境问题不仅将长期存在，甚至在某些方面会更加严重。

城市森林在改善小气候，缓解热岛效应，减轻空气污染，固碳放氧，减弱噪音，杀菌除尘，减轻土壤重金属污染，保持水土，增加生物多样性等方面具有多种生态功能。据测算，广东省345万公顷生态公益林仅在同化 CO_2、释放 O_2、涵养调节水量、保土、生态旅游5项指标中,在"十五"期间的5年内新增的生态效益就达670亿元，投入产出比高达1:36。

为了保障城市生态安全，满足城市生态建设的需要，就必须加快城市林业发展，构建多样性、多功能、高效、稳定、城乡一体化的森林生态系统，促进城市生态环境建设向森林化方向发展，实现由绿化层面向生态层面的提升，达到人与自然的和谐共处，为建设"两个适宜"山水生态城市服务，充分发挥林业在经济社会可持续发展中的重要作用。

因此，在未来，广州城市发展对林业的生态需求将进一步提高，发展城市森林以改善城市生态环境、为城市和市民提供更多更好生态产品和服务的任务将更加艰巨。

2. 社会需求

加强城市林业建设，是建设生态文明社会的需要。文明是反映人类社会发展程度的概念，它表征着一个国家或地区的经济、社会和文化的发展水平。生态文明是指人们在改造客观世界的同时，不断克服改造过程中的负面效应，积极改善和优化人与自然、人与人的关系，建设有序的生态运行机制和良好的生态环境所取得的物质、精神、制度方面成果的总和。它包括生态环境、生态意识和生态制度。从历史上看，人类文明的发展大致经历了原始文明、农业文明和工业文明三个阶段。目前，人类文明正处于从工业文明向生态文明过渡的阶段。从广义上讲，生态文明是人类文明发展的新的阶段。生态文明包含三个重要的特征：较高的生态环境保护意识，可持续的经济发展模式，更加公正合理的社会制度。随着生态文明时代的到来，城市林业呈现方兴未艾之势。加强城市林业建设，不仅可以绿化美化环境，还可以提高公众的生态意识，促进人与自然和谐发展。城市林业为建设人与自然和谐的生态文明社会发挥巨大作用。因此，加强城市林业建设，是建设生态文明社会的必然要求，符合社会历史发展的规律和趋势。

发展城市林业是改善市民生活环境、增进人民身心健康、满足社会生态文化消费、实现人与自然和谐的需要。城市是人口最为集中的地方，城市森林的多少、生态环境的好坏不仅关系着人们的生活质量，也影响人们的生命质量。良好的森林生态环境可以使人赏心悦目、心旷神怡、增进健康、益寿延年，对个人、对社会都有极大的利益。森林对人的性格修养、心理健康会产生积极的影响。森林植物种类繁多，千姿百态，形态、色彩、芳香、风韵随季节而变化，能给人以赏心悦目的美学享受。森林在体现着自然节律的同时，为城市带来生命的气息，也为人们提供走进自然、亲近自然的场所。人们在森林中体验自然，感悟自然，陶冶了情操，也提高了生态意识。此外，配置合理的城区森林公园，在意外灾害（如火灾、地震等）出现的紧急情况下，还可为市民提供临时的避灾场所。

随着广州经济社会的持续、快速发展，人口规模将继续增加。据专家预测，到 2010 年，广州市户籍人口和常住半年以上的人口将达到 1290 万（其中市辖十区 1090 万）；到 2020 年，人口将达 1500 万，人口压力将越来越大。同时，随着市民生活水平的大幅度提高，对良好生态环境和生态文明的需求越来越迫切。

在未来，城市"绿色 GDP"的高低将成为衡量城市发展水平的一项重要指标。城市森林带来的间接经济效益比直接经济效益大得多，能显著提高城市绿色 GDP。据测算，美国城市中，1 亿棵成年树每年可节省300 亿度电，相当于节省 20 亿美元的能源消耗。可见，城市森林由于缓解城市热岛效应，所带来的降低能源消耗的作用十分显著。而且，城市森林必将成为城市品牌和城市品位的重要象征，对提高城市综合竞争力和优化投资环境具有重要作用，能够有效带动旅游、房地产等相关产业的发展，为城市的发展带来巨大的经济效益。

在广州加快城市林业发展，要以科学发展观为指导，树立以人为本的发展理念，保护多样化的自然生境和多样化的生物种类，保护古树名木和乡土野生动植物资源，弘扬森林文化，满足广大市民日益增长的生态文化需求，实现人与自然和谐，提高全社会生态道德意识和素质，建设山川秀美的生态文明社会。

3. 产业需求

林业既是十分重要的公益事业，又是十分重要的绿色产业。城市森林具有多种类型，城市林业在为社会提供丰富的林产品，促进城乡经济一体化发展、全面建设小康社会中肩负着越来越重要的任务，产业需求也越来越大。即使在发达国家，林业也是非常重要的经济支柱。加拿大林产工业生产总值一直占全国工业生产总值的15%左右，林产品出口额占全国出口总额的16%左右，是加拿大第一创汇产业。芬兰林产品贸易额占全国贸易额的32%，也是全国第一创汇产业。

从目前来看，花卉和苗木产业已经成为广州城市周边地区的支柱产业。随着城市化进程的加速和居民生活水平的提高，人们渴望回归到森林中旅游观光、休闲度假、健身娱乐、亲近自然，这种绿色消费将更加时尚，能为社会创造可观的经济效益。

就广州而言，林业产业发展的潜力极为可观。"五岭北来峰在地，九州南尽水浮天"是广州优越自然地理条件的写照。水热资源丰富，森林物种繁多。任何一个物种得到有效开发，都有可能办成一个大产业。比如，南洋楹、尾叶桉、马占相思、杉、竹、荔枝、龙眼、黄皮等。市场需求为林业产业发展带来了巨大潜力。从国内外市场看，社会对木材等林产品的需求量呈逐年攀升之势，供给缺口越来越大，价格也呈上升趋势。而且林业产业的发展在安置劳动力方面也存在很大的潜力。林业是一个需要劳动力多、技术含量较低的产业，是农民最适应、最直接、最可靠的就业方式。通过森林旅游、花卉苗木、林产品加工、野生动物养殖加工等产业发展，并不断形成和延伸产业链，通过产业连接，实现城乡互动、以城带乡的城乡一体化发展。

用发展的眼光看，发展林业生物产业的前景更是无比广阔。这对于突破我国经济社会发展面临的资源和环境约束，保障能源安全、粮食安全和生态安全，改善人们的生活方式和消费方式，提高人们的生活质量和生活水平具有重大而深远的意义。科学界和经济界一致认为，生物产业将取代IT产业成为第四次产业革命的引擎。其市场容量将是IT产业的10倍。目前，全世界都把目光盯在了这一热点领域。发展生物产业，一靠生物质资源，二靠转化利用技术。但最根本的，还是要有生物质资源作保证。森林是自然界公认生产力最高的生态系统，其非常丰富的生物多样性和无与伦比的可再生性，为生物产业的发展展现出巨大的发展潜力和发展前景。

可见，发展林业产业，不仅可以有效地改善城市生态环境，还可以创造出巨大的物质财富和可观的经济效益，既满足经济社会发展和人民生活对林产品的需求，又促进城市郊区农民的增收致富。

二、指导思想与发展目标

（一）指导思想

从广州实际出发，树立和落实科学发展观，贯彻《中共中央 国务院关于加快林业发展的决定》，实施生态建设为主的城市林业发展战略，以"建设岭南绿色名城，打造南粤生态家园"为基本理念，以林业重点工程为载体，大力保护、培育和合理利用森林资源，构建以森林植被为主体的国土生态安全体系，建设发达的林业产业体系，培育先进的森林文化体系,促进人与自然和谐,推动绿色 GDP 增长,为"生态广州""森林城市"建设提供有力保障。

（二）发展目标

经过"十一五"建设，广州市林业发展将进一步向高效益和高质量方向发展。由于历史欠账较大，加之广州市城市化速度快，社会经济发展势头强劲，城市生态环境对森林需求不断加强，城市居民健康对环境质量的依存度进一步提高。发挥城市森林在缓减压力、改善居民身心健康的功能也将是中长期林业发展与建设的重要目标之一。城市森林建设与发展的中长期目标可以概括为：完善生态廊道，优化森林网络；发展近自然林，提高资源质量；活跃森林旅游，繁荣特色产业；加强灾害监控，保障森林安全；传承岭南文化，建设森林城市；改善人居环境，提升居民健康。

1. 完善生态廊道，优化森林网络

在"十一五"建设的基础上，围绕广州自然、经济、社会发展对林业建设提出新的需求，结合广州森林生态系统空间分布特征，在初步建成以成片森林、各种林带、林网为基本骨架，根据城市发展空间走向、水资源保护、大气环境改善、道路布局、产业布局等，充分挖掘生态廊道建设潜力，优化布局城市隔离防护廊道生态林带、河流廊道水质净化

林带、大气污染防护廊道林带、交通廊道视觉优化与噪声防护林带、海防廊道林带，力争与商品林、公益林、地下水体与土壤污染修复林构成完备的森林生态网络。

2. 发展近自然林，提高资源质量

针对广州市森林生态系统树种单一，结构简单，林种、树种配置不尽合理，人工纯林和低质低效次生林为主体，生态环境服务功能不强的历史，在"十一五"进行定向改造的基础上，充分利用当地优越的自然环境条件和丰富的树种资源，采用近自然林业经营管理技术模式，继续进行林分结构优化改造，促进森林生态系统结构的根本改善，提高森林生态系统的生产力，逐步提高森林质量，强化森林生态系统服务功能。

3. 活跃森林旅游，繁荣特色产业

加强森林公园、野生动植物及湿地自然保护区建设，倡导生态旅游，将生态旅游与生态保护有效结合。通过完善服务设施，优化旅游线路，提升旅游品位，丰富文化内涵，活跃森林旅游市场。建立特色林产水果基地、特色花卉林木种苗基地，并结合假日经济发展观光林业，满足广州及周边地区对林产品及生态服务需求，增强产品市场竞争力，提高林业产业效益。

4. 加强灾害监控，保障森林安全

建立现代森林资源动态实时监测网络；构建现代林业与森林资源动态管理系统；健全森林资源安全监测与监督体系；加强森林资源管理与保护相关技术开发；保障森林资源安全装备与基础设施建设；强化森林资源灾害预测预报能力；建立完善的森林资源安全标准；严防危险性病虫害和有害外来物种入侵；提高森林病虫害防治水平；提高林政执法水平，确保森林资源安全与高效利用。

5. 传承岭南文化，建设森林城市

通过发展广州林业，充分发掘自身潜力，以岭南文化为依托，寻找新的历史文化尤其是森林文化亮点，创建多元文化的国际性都会城市，提升广州华南地区中心城市地位。通过完善森林生态网络建设水平，提高森林资源数量与质量，充分发挥森林的多种生态服务功能、生产功能和文化传播功能，在"十一五"将广州市建成国家森林城市的基础上，进一步挖掘城市森林文化功能，促进森林文化的繁荣和发展。

6. 改善人居环境，促进身心健康

目前，欧美发达国家十分重视发挥城市森林改善居民身心健康的功能。随着广州社会经济的快速发展，居民社会压力增加，城市居民身心健康对环境质量的依存进一步加强。发挥城市森林在缓减压力、改善居民身心健康的功能也将是林业建设的重要目标之一。

（三）指标体系

1. 指标确定原则

在分析广州市林业发展长远目标的基础上，确定相应的林业发展指标，这些指标一方面要紧扣广州市林业的未来发展方向，也要反映广州市林业的建设现状和成果。确定这些指标所遵循的原则是：

（1）超前性：结合城市发展的现状，以及城市未来的发展定位，充分考虑林业发展为城市发展提供生态安全的超前性。

（2）科学性：林业的发展是一项长期的工作，生态环境的改善更是一项复杂的工程，任何不切实际的指标都会影响，生态建设的步伐。指标的确定必须以科学为根本，突出科学性原则；保证指标的科学性的同时，就能达到超前性和新颖性。

（3）可行性：根据城市发展的现状、林业发展的现状以及林业发展的目标，标准的选择必须遵循实际的可操作性，也就是可行性原则。

（4）综合性：既能用不多的指标反映林业建设的发展目标，同时，这些有限的指标又能反映复杂的林业生态工程建设内容。因而，综合相关的标准，完善林业建设指标体系，突出综合性原则。

（5）针对性：指标的选择还要以突出广州的经济地位、地域特征、自然条件和丰富的岭南文化等自然、社会、经济、文化等特色为原则。

2. 核心指标

与林业发展阶段评价指标（生态指标、社会指标、经济指标）不同，区域中长期林业发展指标研究方法主要是根据区域社会、经济、自然、地理、资源、环境、生态、人文方面的要求与可能，采用定量计算与定性分析相结合的手段，以实现区域林业中长期发展目标为原则，确定林业中长期发展总体控制指标，为制订林业中长期发展总体规划提供宏观控制指标，引导林业与其他行业协调发展。

广州市林业中长期发展指标的研究就是要确定符合广州市社会经济

现代化发展要求，能够保障广州市环境安全，确保广州市区域生态健康，创造良好的人居环境，弘扬特色文化，传承中华人文精神等方面的中长期林业发展的宏观控制指标，为广州中长期林业发展规划提供基础依据。

根据上述原则，在深入分析广州市林业发展的现状、潜力的基础上，围绕林业中长期发展总体目标，参照国内外城市林业建设实践与建设标准，从水土资源承载力、土地利用变化、水资源开发利用、大气环境保护、水环境保护、人居环境优化、林业发展、生态安全、社会经济发展、人口变化等综合分析与考虑，确定了：城市及城市周边森林网络连通度、林水结合度、森林自然度、森林覆盖率、森林蓄积量、林分定向改造率、生态公益林、森林公园、自然保护区（包括自然保护小区）、建成区绿地空间占有率、森林火灾控制率、林业科技贡献率等核心发展指标。

（1）城市及城市周边森林生态网络连通度：对于城市林业而言，由于发展空间受城市发展的挤压，破碎化程度较高，同时又要为城市提供城市发展所必需的生态安全保障。城市森林景观的完整性在很大程度上体现在森林网络的连通性上，保证森林网络的连通度处于较高的水平，就可以最大可能的实现城市森林的生态功能，同时，高的网络连通度的实现，也是较易实现的。

（2）林水结合度：林水结合度是反映森林网络体系健康的重要指标之一。在国际大都市的城市林业建设中，林水结合度的指标是一个全新的指标。经过"十一五"林水结合的城市林业发展与建设，林业中长期发展仍然应当针对珠三角城市河流生态系统健康问题比较突出，地表水环境污染较为严重的实际情况，继续围绕建设完善的林水结合的城市森林网络体系，开展林水结合型的城市林业建设。

（3）森林自然度：自然度是指现有植被状况与原始顶极群落的距离或现有次生群落位于演替中的阶段。广州是我国较早实现全面绿化的城市之一，整个市域范围内森林植被覆盖率已经基本达到上限，提高森林质量、发挥森林生态环境功能将是广州市在相当长的一段时间内林业发展的重要任务。因此，森林自然度指标对于广州城市林业建设近自然林的发展目标是一个重要评价指数。在广州市林业可利用土地紧缺，通过大力建设生态公益林、改造低效天然次生林和人工纯林，将森林自然度作为衡量林业中长期发展和建设是非常必要的。同时，对于建成区绿地将自然引入城市的建设也具有非常重要的指导意义。

（4）森林覆盖率：森林对于城市的重要性已经是一个不争的事实了，其对于城市生态环境的建设的贡献主要体现在可以净化大气污染、提供新鲜氧气保证碳氧平衡、热环境调节减少热岛效应、保持绿地景观的完整性减少景观破碎化、维持生物多样性等诸多方面。森林是陆地生态系统的主体，要改善生态环境，维护生态平衡，森林起着决定性的作用。发达国家的城市很重视生态环境的建设，都有一个以森林为主体的生态环境为依托。广州要建国际化大都市，确保城市周围有一个良好的森林环境作为城市可依托的绿色生态屏障是十分重要的。城市生态安全、城市生态健康等方面功能的实现在很大程度上依赖于森林生态系统的完整性和其占整个城市国土面积的比率。森林覆盖率应当作为林业建设与发展长期的硬性指标，避免城市发展用地挤压林业用地。

（5）森林的总蓄积量：广州市林业发展空间十分有限，要想使林业建设满足未来国际化大都市的城市建设目标，全方位的提高目前林业的质量就成为今后林业建设的主攻方向。广州市低产林分比例很大，而以木材生产为主的商品林也不是今后林业生产的主要任务，但由于总蓄积量是衡量林业质量的一项重要指标，改造低产林分提高森林总蓄积量是衡量林业中长期发展状况的重要指标。只有在现在林地的基础上提高森林的总蓄积量，才能够在有限的空间中最大限度的发挥森林的生态效益。

（6）天然次生林与人工纯林定向改造率：采取多种形式的林分改造，发挥森林生态系统生产潜力，营造"结构合理、功能完善"的森林生态系统，针对不同地区生态环境特点与特定防护要求，确定公益林改造方向；根据森林旅游、森林游憩要求，确定森林公园建设与改造方向。在改造建设中采用近自然林业建设模式，创建高效稳定的森林生态系统网络。

（7）生态公益林面积与生态公益林功能等级构成：生态公益林的建设目的，主要是充分发挥森林的生态效益和社会效益，森林的生态功能主要从其吸碳放氧、吸污、降污、降尘、吸热、调节空气湿度、杀菌、净化空气、涵养水源、水土保持等方面体现出来。生态公益林的建设正是要建成体现上述生态功能最显著的森林生态系统。广州市地处南亚热带，地带性森林植被是南亚热带季风性常绿阔叶林和亚热带常绿阔叶林，这类森林具有适应性强，生长稳定、物种丰富；叶面积指数高，因而吸碳放氧量大，吸热调温、涵养水土功能显著；是广州地区最好的生态林，其生态功能仅次于热带雨林。通过生态公益林的建设，可以有效的优化、改善广州的生态环境、维护生态平衡,满足市民日益增强的"回归自然"的心理要求，可以确保城市洁净水源供应等。因而，生态公益林建设是实现全方位提高现有森林质量的非常有效手段之一，也最能发挥林业的生态效益，为广州市的城市发展提供必要的生态环境保障，为广州的可持续发展奠定坚实的基础。作为中长期林业发展的引导指标，生态公益林面积以及生态公益林功能等级构成状况能够在较大程度上反映广州林业质量。

（7）自然保护区（包括自然保护小区）面积：自然保护区是国家为了保护自然环境和自然资源，要求各级政府建立起来的进行特殊保护和管理的区域。自然保护区能为人们提供生态系统的天然本底，是植物、动物、微生物物种及其群体天然的贮存库，是进行科学研究的天然实验室，是向人们普及自然知识和宣传自然宝库的活的自然博物馆，能为人们回归大自然提供一定的游憩、疗养场所，并有助于水土保持、涵养水源、改善环境，维持生态平衡。目前广州市的自然保护区面积占国土面积的比例还比较小，与发达国家 10%~12% 的指标还差很多，与本地区优越的自然、气候条件也是不相适应的，因此需要大力发展。

（9）森林公园面积：随着城市的现代化建设，广州市正朝着国际化大都市迈进。在这样的大背景下，城市居民的生活、工作节奏加快，精神常常处于高度的紧张状态，再加上城市环境的钢筋混凝土的"丛林"所造成的单调、僵硬、污染、噪音等因素，城市居民追求回归自然的愿望日益迫切。森林环境简朴自然、清净幽雅、空气清新，正是城市居民回归自然、返璞归真的好去处，森林公园的建设这是满足人们的这个多层次的需求的。因而，城市圈范围内的森林公园的数量、面积大小及其分布就成为今后林业建设的一项重要指标，森林公园是林业为城市服务的一项非常直接的重要任务。

（10）城市及城市周边非权属森林健康经营率：在广州市林业发展空间有限的情况下，城市及城市周边绿化将是今后建设完备的森林网络体系的重点，而这些在权属上不属于林业用地的绿地建设中，应当充分体现近自然林业建设模式，在景观林建设和生态功能维持的基础上，提高绿地建设和健康经营水平。

（11）新农村人居林建设面积：建设社会主义新农村将是广州实现社会经济转型过程中十分重要的任务。林业建设在社会主义新农村建设中的地位和作用将进一步加强。因此，将新农村人居林建设作为广州林业中长期发展与建设规划指标。

（12）林业科技贡献率：在提升广州林业质量的过程中，林业科技进步将发挥十分巨大的作用。实现广州市林业中长期发展目标，必须依靠科技进步，一方面要加大实用林业技术的研发力度，另一方面要大力推广林业生产实用技术。从新品种培育与推广、森林经营管理技术、林业产业改造技术等方面，全面提升林业生态和林业生产功能，实现林业发展战略目标。

3. 分阶段林业发展指标值

根据以上确定的指标，从水土资源承载力、土地利用变化、水资源开发利用、大气环境保护、水环境保护、人居环境优化、林业发展、生态安全、社会经济发展、人口变化等综合分析与考虑，围绕广州市林业发展目标，采取定性与定量相结合的方法，确定广州市林业发展分阶段指标见表7-1所示。

表 7-1　广州市林业发展指标

编号	指标	2004 年	2010 年	2020 年
1	森林覆盖率（%）	38	38	38
2	林木绿化率（%）	42.2	43.5	45
3	森林总蓄积量（万立方米）	937.74	1200	1500
4	公益林面积（万公顷）	15.94	15.94	20.00
5	城市及城市周边森林生态网络连通度	0.40	0.56	0.70
6	定向改造面积（含商品林）（万公顷）	0.84	3.37	5.00
7	城市及城市周边非权属森林健康经营率（%）	60.0	78.0	86.0
8	自然保护区（万公顷）	0.98	1.13	9.00
9	森林公园（万公顷）	6.78	7.67	11.8
10	林水结合度（%）	16.71	27.95	39%
11	森林自然度	0.52	0.55	0.58
12	新农村人居林建设（万平方米）	—	500	1000
13	森林火灾受害率（‰）	0.36	≤1.00	≤1.00
14	林业科技贡献率（%）	38.0	45.0	60.0

三、发展布局

（一）结构布局

从类型上建立三大森林体系，从分布格局上建立"三林、三园、三网、三绿"。

1. 三大森林体系

生态防护林体系：是山地生态公益林、平原防护林、城区大面积林地为主，片、带、网相连接的体系。

生态文化林体系：是森林公园、自然保护区（小区）、城市园林、风景名胜区、古树名木、各类纪念林为主，人文与森林景观相结合的体系。

生态产业林体系：是以森林旅游、特色林果、花卉苗木、经济动植物饲养种植等优势产业为主，林农、林药等多种模式相配套的体系。

2. 三林三园三网三绿

山区育三林——水源涵养和水土保持林、风景游憩林、产业原料林；

低丘造三园——森林公园、绿海田园、生态果园；

平原织三网——河流林网、农田林网、海防林网；

城区建三绿——绿岛镶嵌、绿廊相连、绿楔分隔。

在市域绿化上，重点是构建森林生态网络，保障地区之间协调发展和生态一体。

在山区绿化上，重点是提高现有森林质量，实现森林生态系统稳定和提高生物多样性。

在低丘绿化上，重点是保护生态用地数量，提供城市发展生态空间和观光休闲。

在平原绿化上，重点是优化林网结构布局，建设林农林渔绿色产业和鱼米之乡。

在城（镇）区绿化上，重点是增加城市三维绿量，促进城市生态环境改善和人居和谐。

（二）空间布局

以中国森林生态网络体系点、线、面、体布局理念为指导，按照"林网化—水网化"的林水结合规划理念，以城区为核心，以建设生态公益林为重点，结合湿地系统的保护与恢复，全面整合山地、丘陵、平原森林，道路、水系、沿海各类防护林、花卉苗木基地、城区绿地、城镇村庄绿化等多种模式，建立山地丘陵森林为主，各类防护林相辅，生态廊道相连，城镇村庄绿化镶嵌，"一城三地五极七带多点"为一体的森林生态网络体系，实现森林资源空间布局上的均衡、合理配置。

1. 一城

一城是指广州城区的绿化建设，包括越秀、荔湾、海珠、黄埔、天河、白云、萝岗七区的建成区。

广州城区是经济最为发达、人口最为密集的地带，是林业提供生态服务的核心。城市绿化建设既是改善城市生态环境，提高人居质量的重要途径，也是最能够体现都市林业特色，提高城市综合实力和国际竞争力的有效举措。

（1）城市中心区：主要是指广州的传统中心城区。城区的绿化建设既要与悠久的园林文化相结合，更要与时俱进，从过去过于偏重视觉效果转移到既注重视觉效果又注重人的身心健康轨道上来，实现城市人与自然的和谐。

（2）东部扩展区：主要是指广州城市东扩战略涉及的黄埔区、萝岗区和增城部分城镇。绿化建设主要是以现有丘陵林地为核心，大力发展生态风景林；同时结合城市发展趋势，加快以林为主的隔离地区绿化建设。

（3）南部发展区：主要是指广州城市珠江水道以南和番禺区之间的海珠区、荔湾区的芳村等快速发展的城区。以芳村、海珠现有的花卉基地、果园为基础，大力发展采摘、休闲为主的农林复合观光产业。重点加强海珠区万亩果园建设，提高果林质量，逐步建设成广州的"南肺"；在芳村发展花卉盆景、苗木等城市绿化产业和以花卉盆景为主题的旅游观光业。

2. 三地

三地是指中北部山丘地、中南部低丘地和南部砂田地的林业建设。

（1）中、北部山丘地：包括从化、增城、花都、白云等区市以及天河、黄埔、萝岗等区等山地范围内的森林公园、自然保护区、水源涵养林等森林资源，是广州城市森林生态系统的主体，是实现"森林围城"战略的关键地区，也是确保广州城市生态安全的基石。

（2）中南部低丘地：本地区处于珠江水道和沙湾水道之间，城市发展速度快，是生态环境重点保护和建设地带。主要规划在城市功能区之间设置生态隔离带，道路和城市建设尽量维护区内众多低丘地、小山岗原有的自然地貌特征和植被特征,并以海珠区果树保护区、番禺北部农业生态保护区为主体,把这一地带建设成为广州的"南肺"。

(3)南部沙田地:本地区是指沙湾水道以南的区域,主要以沙田滩地为主。结合本地区"水道众多,河网纵横"的自然地理特征,以河网水系及滨海绿化带、道路绿化带、公园、湿地自然保护区等为架构,把本地区建设成为广州观光生态农业、滨海湿地生态旅游业的地区,为番禺南部及南沙区发展提供良好的生态环境。

3. 五极

五极是指花都、从化、增城、番禺、南沙五个区(市)以城区和近郊区为主的绿化建设。

(1)花都:围绕花都发展定位,突出林业在生态屏障和产业发展两个方面的作用。一方面要提高建城区绿地质量,加强城区周边地带的丘岗地森林恢复与改造,搞好城区和周边地区的绿化美化建设;另一方面要围绕新白云机场建设,完善主干道路林带建设;三是要结合花卉、绿化苗木生产、林果等发展相关产业。

(2)从化:本地处于广州重要水源供应地,有良好的森林大环境依托。城市林业建设要在提高城区绿地质量的基础上,重点加强城区周边地带的林业建设。一是要加强水源涵养林和水土保持林保护和建设,结合城市污水净化处理,营造青山秀水的优美环境,保障广州的清洁水源;二是要结合荔枝、龙眼等果园的提质增效,发展观光林果产业,拓展广州乃至珠江三角洲市场的市场空间。

(3)增城:由于地处山区河谷地带,周边有比较好的森林环境。林业发展要围绕城市发展定位,突出林业绿化建设在促进旅游经济当中的主导地位。一是要加强城市周边地区岗地森林恢复,建设生态风景林,为增城的环境改善服务;二是要加强森林、湿地景观资源开发,发展森林旅游产业。

(4)番禺:作为广州"南拓"的重点地区,城市发展既要实现与广州城区的有效连接,又要避免完全的建筑"融合"。林业绿化建设要在提高城区绿地质量的基础上,与城市发展规划和绿地系统规划相结合,重点保护好丘岗森林和构筑生态廊道。一是强化与广州城区之间复合型隔离廊道的建设,使大夫山森林公园、滴水岩森林公园、十八罗汉森林公园、野生动物园以及中间保留的基本农田构成广州城区与番禺城区的生态隔离带；二是加强主干道路、水系的林带建设，形成不同绿岛之间的连接带和不同功能区之间的隔离带。

（5）南沙：南沙是广州未来经济社会发展的重要地区，目前该地的城市建设发展迅猛。要结合城市发展作好林业建设规划，特别是与城市绿地系统规划和开发区建设规划相结合，避免走先建后拆、拆迁插绿的老路，重点加强南沙岛城区丘岗林地的保护和改造，加强湿地、沿水岸带防护林、农田防护林网建设，为城市发展预留足够的林业生态建设空间。

4．七带

为维护广州市域的生态平衡，应基于区域与城市生态环境自然本底及其承载能力，选择适合于区域与城市的生态结构模式进行生态绿地布局。规划以"山城田海，水脉相连"的自然特征为基础，重点在生态敏感地带构筑 7 条主干"区域生态走廊"，构建多层次、多功能、立体化网络式的生态结构体系，构成市域景观生态安全格局。区域生态廊道的规划建设不能局限于单一的林或者水的概念，而是以林为主，包括林地、农田、果园、水体、园林绿地等多种要素在内的复合生态廊道。

（1）北部山前缓冲带：是广州北部山区与城市之间的交错地带，生态环境比较敏感，森林资源质量不高，经济果木林发展面积大，同时一些山体受到采石、采坭开垦破坏，需要加大恢复力度。以恢复森林植被为目标，结合城镇绿化美化需求，重点建设生态风景林。

（2）流溪河、增江生态保护带：流溪河、增江是广州主要的水源供应渠道，对保证为广州市民提供清洁安全的饮用水至关重要。主要是指流溪河和增江流域的水源涵养林保育，以及从化太平镇以下河段的沿岸、增城市境内增江沿岸绿化带建设。为保护流溪河、增江水质，净化沿线面源污染，在沿岸建设一定宽度、自然模式为主的沿河生态防护林带。

（3）西部污染控制带：南起洪奇沥水道入海口，穿过滴水岩、大夫山、芳村花卉果林区，北接流溪河及北部山林保护区。结合佛山在广州边界规划建设的绿色廊道，利用水岸林建设连接现有块状绿地形成绿色廊道，既可以控制西部城区连片发展，也可以在一定程度上阻隔、净化广州—佛山之间的粉尘、大气污染传播。

（4）东部湿地恢复带：南起珠江口，沿东江经海鸥岛、广州经济技术开发区西侧生态隔离带至新塘、石滩。结合东莞在东江沿岸规划建设绿化林带，形成沿东江林水结合湿地恢复带。一方面净化水质，恢复湿地环境；另一方面形成的林水结合湿地与海珠区果园、番禺区东部林地共同构成广州东南部的大面积绿地，成为广州和东莞之间的"绿肺"，为广州、东莞市区输送清新湿润的空气，改善城市环境。

（5）中部城区隔离带：是指钟村—莲花山生态廊道。位于中心城市和南部新城之间，西起大石、钟村镇西部的农业生态保护区，经以飞龙世界、香江动物园、森美反斗乐园为基础的中部山林及基本农田保护区，向东经化龙农业大观、莲花山，延伸至珠江。廊道主要作用是在中心城市和新城之间形成一条东西向的生态隔离带。

（6）南部水体净化带：是指沙湾—海鸥岛生态廊道。包括沿沙湾水道和珠三角环线及其以南大片农田。主要作用为保护市域的城市发展，控制城市的无限制蔓延，并加大南岸的绿化建设，增强净化功能，为南部农田提供安全屏障保护。

（7）沿海生态屏障带：是指南部沿海滩地防护林建设地带。重点把湿地保护与沿海防护林建设结合起来，为发展水产养殖、观光旅游等生态产业提供可靠的环境保障。

5. 多点

市域范围内石滩、太平、沙湾、狮岭、江高、新塘、鳌头、石楼、炭步、太和、中新、良口、大岗、花东和钟落潭已建和规划建设的16个中心镇以及部分行政村庄的绿化建设。

随着广州城镇化进程的加快，城区以外的中心镇建设对于有效缓解广州城区人口、资源、环境压力，以及改善投资环境，促进城乡协调发展发挥着重要作用。从2003年开始，市政府对65个镇进行调整撤并，并重点建立16中心镇。通过加强中心镇和部分行政村庄的绿化建设，更好地发挥森林改善镇村生态环境的作用，满足人们休闲旅游、文化等多种需求，把广州农村地区建设成为广大市民向往的具有田园风光、环境优美的现代化新型镇村，其目标是促进广州市城乡的一体化、实现整个市域和谐发展和全面小康社会建设。

四、建设工程

在《广州城市林业发展概念规划》框架下，依据"十五"期间完成的以"青山绿地"工程为主体的广州市城市林业建设工程和"十一五"期间即将实施的"青山绿地（二期）"、"沿海防护林"、"两江流域生态林"及"新农村建设"等工程项目，全面布局广州城市林业中长期发展建设工程。

《广州城市林业发展概念规划》明确提出，广州现代城市林业的发展是以"建设岭南绿色名城，打造南粤生态家园"为基本理念，在此基础上，提出了生态防护林，生态文化林，生态产业林建设的核心布局。全市林业建设工程（包括"十一五"期间建设工程）均服从这个核心布局。

因此，在广州市城市林业中长期发展建设中，同样将围绕这个核心布局构建成较为完善的三大体系建设工程：即林业生态体系、森林文化体系、林业产业体系。此外，为顺利完成这三大体系的建设工程，还必须要有相应的支撑平台建设工程，如城市林业建设的科技与服务支撑、森林的防火与保护基础建设工程等，为此，很有必要在广州市城市林业中长期建设中，实施森林保护能力与科技创新平台建设工程。

在广州市城市林业建设中长期规划中，其建设核心可概括为"3个体系建设工程 + 1项科技创新平台建设工程"，简称为"3 + 1工程体系"。

本中长期规划中，中期规划框算到总面积或总工程量，投资额度则依据现有的投资力度并适当考虑物价、工价等上涨因素而进行大致的投资预算。长期规划则仅对该类建设工程的方向性作一个大致的评估。

（一）林业生态体系工程

林业生态体系工程以建设生态公益林、防护林等为主，包括以下4个工程。

1. 山地森林保育工程

广州市的山地森林主要分布在北部的从化、花都、白云以及东部的罗岗和增城市，是广州市都市水源林的重点建设区域，因此，本工程以北部和东部生态公益林建设为主要方向，并适当兼顾天河、番禺等区的部分山地生态公益林。目前全市已核准的生态公益林有159359.6公顷（239.04万亩），占全市有林地面积的53.2%，其中81000公顷（121.5万亩）为省级生态公益林。但广州市已划定的生态公益林的林分质量仍较差，据统计，生态功能等级为一级的只占生态公益林总面积的11.1%，大部分生态公益林的功能等级为二级，占57.5%，其余的为三级（占27.8%）和四级（3.5%）。生态功能等级为二级以上的需要封育管护，三级和四级的需要提升改造，特别要突出强调的是作为都市水源的生态公益林，必须通过林分改造措施，使疏残林、低效林面积逐年减少。

随着广州市经济社会的发展，在各项建设用地的矛盾日趋突出的情况下，全市有林地面积将有逐步减少的趋势，因此，本中长期规划假定未来生态公益林面积保持现状不变，总数仍为159360公顷。

（1）中期规划：

① 建设目标。根据《广州市林业十一五规划》中的生态公益林建设面积，到2010年，一、二级生态公益林的比例分别可达23%和58%。因此，规划到2020年的发展目标是：一、二级生态公益林的比例分别为32%和60%，而三级和四级生态公益林则分别减少至6.5%和1.5%。

② 建设范围。以生态公益林建设为主体广州市北部和东部的流溪河流域以及增江流域的山地森林保育建设工程范围，主要集中在从化市、增城市、花都区、罗岗区、白云区等区（市），兼顾天河区、黄埔区、番禺区的山地森林。

③ 建设内容。包括生态公益林的封育保护和改造两个方面。

规划到2020年，全市一级生态公益林面积达到50995公顷，二级生态公益林面积达到95616公顷；而三级和四级生态公益林面积则分别下降至10358公顷和2390公顷。各区（市）建设任务见表7-2。

表7-2　到2020年广州市各区（市、林农场）各类公益林规划总面积

（单位：公顷）

区（市、林农场）	一级	二级	三级	四级	合计
从化市	15549	29155	3158	729	48592
增城市	13220	24787	2685	620	41311
市属林场（含农场局）	7705	14447	1565	361	24079
花都区	6070	11382	1233	285	18969
白云区	5088	9541	1034	239	15902
罗岗区*	1239	2322	252	58	3871
番禺区*	1228	2303	249	58	3838
天河区	488	915	99	23	1525
黄埔区	407	764	83	19	1273
总计	50995	95616	10358	2390	159360

注：* 罗岗区面积尚未包括因2005年行政区域调整后的增城市和白云区的划进面积；番禺区含南沙区的面积。以下表均相同。

根据表7-2列出的数据和中期建设目标，以及根据"十一五"期间的生态公益林封育改造任务规模，规划在中期阶段共封育改造生态公益林32868公顷，其中：封育保护生态公益林14342公顷，使其由二级达到一级生态公益林标准；改造三级生态公益林共16932公顷、改造四级生态公益林598公顷，两项小计为17530公顷，使其达到二级生态公益林的标准；改造四级生态公益林996公顷，使其达到三级生态公益林标准。改造生态公益林的总面积为18526公顷。各区（市）建设任务详见表7-3。

表7-3　到2020年广州市各区（市、林农场）各类公益林建设面积

（单位：公顷）

项目*	合计面积	从化	增城	市属林（农）场	花都	白云	萝岗	番禺	天河	黄埔
封育（二级转一级）	14342	3680	4180	2167	1743	1417	365	462	198	129
改造（三级转二级）	16932	6009	4041	2558	1675	1904	355	192	66	131
改造（四级转二级）	598	140	40	90	151	123	23	21	7	3
改造（四级转三级）	996	233	67	150	251	205	38	35	11	5
封育改造合计	32868	10062	8328	4966	3820	3650	782	710	282	267

注：*二级转一级是指由2010年时的二级生态公益林到2020年时转变为一级生态公益林的面积，其余类推。

（2）长期规划：

到2050年，广州市的生态公益林建设目标是：构建结构完整、生物多样性高、生态环境保护功能强大的森林生态系统，其一级生态公益林具有近似南亚热带顶极森林群落——季风常绿阔叶林的特征，使其能对广州市生态环境起到保护作用，特别强调涵养水源、减轻水土流失、调节气候、控制大气污染等方面的功能，项目建成后，生态公益林是广州市林业生态工程体系中最为重要的组成部分。

长期建设目标是：生态功能等级达到一级生态公益林的有87648公顷，占总面积的55%；二级为66134公顷，占41.5%；三级为4781公顷，占3.0%；四级为797公顷，占0.5%。与2020年相比，一级生态公益林有较大幅度的增加，而二级和三级则由较大幅度减少，四级生态公益林仅不足800公顷，主要是维持一些火烧迹地、崩岗地以及一些极度退化而难以恢复的林地。详见表7-4。

表 7-4　到 2050 年广州市各区（市、林农场）各类公益林规划总面积

（单位：公顷）

生态功能等级	规划面积	占总生态公益林面积比例（%）	与 2020 年相比增减数
一级	87648	55.0	36653
二级	66134	41.5	-29482
三级	4781	3.0	-5578
四级	797	0.5	-1594
总计	159360	100.0	

2. 湿地及沿海防护林保护与建设工程

湿地及沿海防护林保护建设工程包括沿海红树林湿地、南部平原水网区河涌湿地（包括农田林网）以及沙质、泥质海岸线约 100~300 米范围内的防护林带建设。

根据《广州市林业"十一五"发展规划》，全市到 2010 年应完成沿海红树林营造与修复工程 1064 公顷，完成 100 米的沿海防护林 413 公里（即 4130 公顷），建设农田林网 450 公顷，二级至五级河流支流林带 563 公里（面积 338 公顷）；而根据《广州市青山绿地（二期）工程建设规划》（为落实《广州市林业"十一五"发展规划》的详规），各项工程数量均少于"十一五"规划数。另外，在《广州市林业发展概念规划》中提出的"七带"建设，其中与佛山（含南海区、顺德区）、中山毗邻的西部污染控制带，在《广州市林业"十一五"发展规划》尚未安排建设，因此，本工程拟安排在中期进行；滩涂红树林建设和沿海基干林带的建设工程一般均安排在与东莞毗邻的珠江沿岸，因此，这些工程同时也属于与东莞毗邻的东部湿地恢复带和南部水体净化带的建设内容。详见表 7-5。

表 7-5　到 2010 年广州市湿地及沿海防护林"十一五"规划数与
"青山绿地（二期）工程详规"面积差异表

（单位：公顷）

项目	"十一五"规划面积	"青山绿地二期"详规面积	与"十一五"规划面积相比增减数
滩涂湿地红树林建设	1064	510	-554
沿海防护林基干林带	4130	310	-3820
农田湿地林网建设	450	12	-438
流溪河、增江支流林带建设	338	0	-338
与佛山、中山毗邻的西部污染控制带	0	0	0
合计	5982	832	-5150

（1）中期规划：

① 建设目标。根据表4-4数据,到"十一五"期末,广州市的沿海湿地、防护林、农田林网、河流的支流防护林带等各项建设内容与"十一五"规划数有较大差异,因此,中期的建设内容以"十一五"规划中没有启动的任务为主;而西部污染控制带的建设则以与佛山、中山相毗邻的北江流域河岸林带建设为主。

到2020年,重点保护和建设好南沙、广州新城沿岸湿地以及从番禺新造经莲花山至南沙一线的红树林湿地基础上,通过其辐射和带动作用,保护和建设好番禺和南沙区内河涌的滩涂湿地,海岸基干林带、农田林网、干流的支流林带等,完善湿地和沿海生态系统结构和功能,使南部水网滩涂湿地和海岸生态系统基本得到恢复和保护,生物多样性显著提高,林水结合度达到39%左右;基本完成西部污染控制带的建设任务。

② 建设范围。中期沿海滩涂与红树林建设主要集中在南沙区、番禺区沿海和部分河岸外滩涂、农田、沿海一线以及增江、流溪河的支流两岸、北江流域与佛山、中山接壤的靠广州一侧的河岸。

③ 建设内容。建设红树林554公顷、沿海防护林基干林带3820公顷、农田林网438公顷、流溪河、增江支流林带338公顷,北江流域与佛山、中山接壤的靠广州一侧的河岸长约145公里(从花都的赤泥镇,经荔湾区、番禺区至南沙区十九涌,河对面为中山市),扣除建成区用地和其他硬质地面,长度约100公里,按林带宽度50米计算,建设面积500公顷。工程内容详见表7-6。

表7-6　湿地及沿海防护林建设工程表

工程项目名称	工程内容	建设范围
沿海滩涂与红树林湿地建设	红树林营造与修复	广州新城、新造、莲花山红至二十一涌沿海岸滩涂红树林营造工程、沙湾水道以南部分河岸红树林滩涂湿地生态系统修复工程,共554公顷
沿海防护林体系保护与建设	沿海防护林营建工程	石滩、新造、莲花山及虎门大桥以南的沿海(河)岸线,宽100米基干林带,建设面积3820公顷

续表

工程项目名称	工程内容	建设范围
农田林网与流溪河、增江支流防护林建设工程	南部农田防护林网建设工程	番禺区、南沙区的，建设面积438公顷
	流溪河、增江支流两岸林带建设工程	花都区、白云区流溪河主要支流所经河段及增城增江河主要支流所经河段,总长度563公里,建设面积338公顷
西部污染控制带	北江河道广州一侧林带建设工程	与佛山、中山接壤的北江河道广州一侧林带建设工程,长度100公里,林带宽度50米,建设面积500公顷

（2）长期规划：

到2050年,广州市湿地与沿海防护林建设目标是：在中期建设工程的基础上,对红树林生态系统的结构进行调整,使之成为结构完整、生物多样性高、生态环境保护功能强大的海上森林生态系统；使沿海基干林带基本上全面合拢,构筑广州市南部沿海的第一道生态屏障；构建完善的农田林网和河流水网林带系统,为广州市平原区工农业生产和居民生活提供生态防护体系。

建设目标是：广州市南部约700平方公里的沿海滩涂、海岸线、农田河网均得到有效地绿化,林水结合度达到40%以上。

3. 绿色通道建设工程

绿色通道的建设以干线公路（特别是高速公路）沿线林带建设为主。众所周知,公路作为人工的线状构筑物,对自然生态系统起到分割的作用,从而影响到自然生态系统中物种基因资源的交流。通过建设生态廊道,可有效减轻公路对自然生态系统的影响,并可将斑块化的破碎生态系统联系起来,成为一个较为完整的系统,对广州市及其周边区域的生态环境保护具有极为重要的作用。

（1）中期规划：根据广州市有关部门近期出台的规划,在"十一五"期间,广州市将基本建成一个覆盖全市、辐射珠三角,连接国内,以广州中心城区为核心的"四环十八射"环型放射状高快速路网系统,搭建起城市骨架。至2010年,规划新建高速公路20条,城市快速路34条,将建成市域高等级路网1670公里,其中高速公路网络通车里程达到791公里,快速路网879公里,包括新建广河高速、增莞深高速、东新高速、街东高速、增从高速、广明高速、平南高速、珠三角南二环高速、广深沿江高速（广州段）、北三环高速二、三期、南中高速、广珠东高速联络线等高速公路；以及新建新机场东环路、番禺沙湾干线、南沙万龙干线、广园东快速路四期、黄榄干线二期，改扩建黄埔大道快速化（员村—东二环）、新广从路（黄石路—钟落潭）、广汕路延长（大观路—东二环）等快速路。

根据《广州市青山绿地（二期）工程规划》，十一五期间将建设以公路、铁路为主的道路林带共 525 公顷，包括有西二环、北二环、东二环和广明高速组成的环城林带建设 300 公顷、广深铁路北侧林带建设 25 公顷、京珠高速公路番禺段 37.5 公顷以及白云和从化段 6 公顷。另外还将对广汕公路两侧的 68 公顷、广从公路两侧的 66.4 公顷和新机场高速公路两侧的 32 公顷林带进行改造建设。该规划中，尚未涉及"四环十八射"环型放射状高快速路网系统新建道路的林带建设。

① 建设目标。对广州市"十一五"期即将建设的"四环十八射"环型放射状高快速路网系统的两侧按照"高标准、高起点"的要求进行建设，完善、拓展广州市贯穿城乡、连接珠江三角洲的道路林带系统，形成完整的绿色通道网络，使被道路分割的自然生态系统能够通过绿色通道得到有效的衔接。

② 建设范围。"四环十八射"环型放射状高快速路网系统的两侧为主要建设范围。

③ 建设内容。"四环十八射"环型放射状高快速路网系统建成后，广州市的高速公路和快速路网总里程数达 1670 公里，按照两侧各 10 米的林带建设规模，总建设面积为 3340 公顷。扣除"青山绿地"建设工程第一期的完成面积（约 87 公顷）以及第二期即将建设的面积 525 公顷，共 612 公顷，因此中期规划建设绿色通道面积为 2728 公顷。

（2）长期规划：随着广州市经济社会的进一步发展，公路、铁路建设将会不断地发展，如规划建设的广深铁路四线工程等。在绿色通道的长期建设规划中，除完善中期的建设内容外（如对已建成的林带进行升级改造，使之成为具有完善的生态功能和高的生物多样性的路网植物群落），长期规划中将配合新建设的公路和铁路而建设新的绿色通道。

4. 特殊地段植被改造工程

特殊地段是指由于天然或人为因素而使得期其植被恢复较为困难的

区域，包括广州市南部的丘岗地、采石场、崩岗地等。

广州市南部的番禺等地的丘岗大多为沉积岩和紫色砂页岩发育的土壤，立地条件差，有机质含量低，保水保肥性能差，呈现出干旱、瘠薄、坚硬、有机质含量低、酸性强等特点，其植被多以稀疏松林、桉树林和灌草为主，整体生态环境功能较差。

采石场在给当地居民带来丰厚经济收入的同时，也留下了诸多的环境隐患，严重破坏了自然资源、破坏了生态环境和城市景观，反过来又影响投资环境的改善，制约了广州市的经济社会可持续发展。

因此特殊地段植被恢复，无论从改善环境质量、提高生态景观效益等方面均重要意义。

尽管在《广州市林业"十一五"发展规划》中，没有将这些特殊地段的植被恢复列入建设工程范围，但番禺从 2004 年开始就着手对境内的丘岗地植被改造进行规划，其《广州市番禺区林相改造工程施工作业设计》通过了专家组的评审，并于 2005 年开始正式实施，依据该作业设计，番禺区共改造丘岗地 2106 公顷，安排了 49 个树种，其中以乡土阔叶树种为主，改造任务于 2006 年完成。

广州市的采石场数量共有近 570 个，2005 年有广州市国土局牵头完成了 338 个、2006 年完成了 230 个采石场的复绿任务，但各采石场的复绿尚不尽如意，为了快速达到复绿效果，复绿时以草本植物为主，如狗牙根、百喜草、黑麦草等，在石场立面前的平地，多以桉树、相思等外来树种为主，这些种类虽然生长快，但其寿命并不太长，况且其生态环境保护效果和景观效果也差，复绿的物种也单一，因此，未来对这些植被的进行改造是很有必要的。

（1）中期规划：规划在中期对番禺的 2106 公顷丘岗地和 570 个采石场植被进行升级改造。

① 建设目标。将丘岗地和采石场的植被升级改造成初步具有南亚热带季风常绿阔叶林演替早期向演替中期过渡性质的森林群落。

② 建设范围。番禺区的丘岗地和遍布广州市各区（市）的采石场为本工程的主要建设范围。

③ 建设内容。番禺区丘岗地于 2005 年至 2006 年进行了林分改造，种植了 49 个乔灌木植物种类，在"十一五"期间将初步建成演替早期的

植物群落，计划到 2020 年对这 2106 公顷的林地再次进行升级改造，人为促进其群落在较短的时间内项演替中期阶段过渡。

对于采石场植被的升级改造，主要是要逐步更替现有的植物种类，特别是外来植物种类，增加乡土植物，如在立面上增加上攀下垂的藤本植物、在石场立面前的平地上建立以乡土乔木树种为主的森林群落。规划对 570 个石场（按平均每个石场面积约 2 公顷计算）共 1040 公顷的植被进行升级改造，包括石场立面、立面上方山坡地、立面前缘平地。

（2）长期规划：中期规划工程任务完成后，特殊地段的植被将具有一定的森林群落组成、结构和功能的生态系统，因此，在长期规划中，不安排特别的建设任务，主要是对丘岗地和采石场的植被进行有效的封育和保护，或者根据实际情况，对群落进行组成和结构方面的调整，如补植部分乡土物种，以增加群落的生物多样性，并使其能按照自然森林群落演替的方向快速发展。

（二）林业产业体系工程

林业作为一个传统的基础产业，在经济社会发展中具有重要的地位。林业产业除传统的用材林培育、苗木、花卉、林果之外，现代的林业产业则赋予了更多的内涵，如以集休闲、度假、健身于一体的森林旅游业、以野生经济植物（药用、食用、工业原材料等）栽培和经济动物饲养的种植养殖业、以高新技术为基础的森林新产品的开发等方面。林业产业工程除引导性的项目和必要的基础技术支撑项目由政府投资建设外，其余均由政府主管部门进行引导、由社会投资进行开发建设。

1. 森林生态旅游工程

为与森林文化建设工程有所区别，本工程是指在森林公园、风景名胜区、自然保护区、自然保护小区等区域内开展森林生态旅游需要的基础设施建设，以及相应的配套和保护设施，为吸引更多的社会资金参与到森林旅游资源开发提供良好的平台。

广州市目前已批建了 50 个森林公园，根据《广州市林业发展"十一五"规划》，将 50 个森林公园分为从化组团、增城组团、花都组团、北郊组团和南郊组团 5 大森林公园群，每个组团选择一至数个森林公园作为龙头进行重点建设，以带动其他森林公园的同步和协调发展。现有的两个自然保护区位于从化市，涉及自然保护区的建设项目划入从化组团中。在启动实施的《广州市青山绿地工程（二期）建设规划》中，涉及 12 个森林公园和近郊生态风景林区，主要建设内容是应用植物群落理论对现有群落进行升级改造，面积为 600 公顷。

（1）中期规划：

① 建设目标。将广州市的森林公园和自然保护区建成集自然资源保护、森林生态旅游、休闲度假和健身于一体的特殊生态公益林。

② 建设范围。广州市范围内已批建的森林公园和自然保护区。以组团为建设基本单元，重点建设或完善建设 16 个森林公园的景区和基础设施，兼顾其他 34 个森林公园和 2 个自然保护区的建设；同时对各森林公园内结构较差的林分进行改造。

③ 建设内容。从化组团以流溪河、石门、风云岭等 3 个森林公园和陈禾洞自然保护区的基础设施建设为主，其中重点突出流溪河、石门 2 个国家级森林公园和陈禾洞省级自然保护区的建设；增城组团以大封门、白水寨、白江湖和焦石岭森林公园的建设为主；花都组团以王子山森林公园建设为主；北郊组团以帽峰山、火炉山、天鹿湖、凤凰山和龙头山森林公园的建设为主；南郊则以南沙湿地、黄鲁山、大夫山和滴水岩森林公园建设为主（详见表 7-7）。

表 7-7　森林生态旅游建设工程表

组团	森林公园名称	建设内容
从化组团	重点建设：流溪河、石门和风云岭森林公园、陈禾洞自然保护区 一般建设：茂墩、望天西顶、北星、龙潭湖、双溪、黄龙湖、良口、新温泉、达溪、银湖、沙溪、马仔山、云台山、南大等 14 个森林公园和温泉自然保护区	景区及基础服务设施建设，其中 2 个自然保护区各安排 100 公顷林分改造工程
增城组团	重点建设：大封门、焦石岭、白水寨和白江湖森林公园； 一般建设：白洞、联安湖、百花、高滩、派潭凤凰山、兰溪和中新等 7 个森林公园	景区及基础服务设施建设，白水寨安排 100 公顷林分改造工程
花都组团	重点建设：王子山森林公园 一般建设：九龙潭、蟾蜍石、福源、高百丈和丫髻岭等 5 个森林公园	景区及基础服务设施建设，王子山安排 100 公顷林分改造工程
北郊组团	重点建设：帽峰山、火炉山、天麓湖、凤凰山和龙头山等 5 个森林公园 一般建设：金鸡山、聚龙山、南香山、金坑、南塘山、白兰花、龙眼洞等 7 个森林公园	景区及基础服务设施建设，帽峰山安排 100 公顷林分改造工程
南郊组团	重点建设：黄鲁山、大夫山、滴水岩、南沙湿地森林公园 一般建设：十八罗汉森林公园	景区及基础服务设施建设；新垦湿地公园安排 50 公顷湿地生态系统恢复建设工程

（2）长期规划：

进一步按照"统一规划、科学布局、分类指导、重点推进"的原则，使全市森林公园真正成为森林生态旅游产业的重要基地，发挥广州市森林风景旅游资源优势，转化为绿色产业发展新的增长点。

在长期规划中，原则上不再批建新的森林公园，条件成熟时可在现有生态公益林中批建 2~3 个自然保护区，重点可在从化（如五指山）、增城、花都、罗岗等区中选择设立。

2. 森林食（药）品产业工程

崇尚自然、崇尚绿色是当代人追求的时尚，森林食（药）品以其绿色、环保而深受人们喜爱。森林食（药）品产业的开发是利用优良的森林环境资源来种植、养殖、加工市场上所需求的山野菜、药材以及经济动物等。

由于"十一五"规划中已安排了部分示范工程，因此本项工程将以市场投资建设为主导，政府主管部门仅进行建设分类指导和管理，不再安排建设资金。

（1）中期规划：

① 建设目标。建设较为完善的广州市森林食（药）品产业体系，包括山野菜、药材以及经济动物等方面产品的种植、养殖和加工。

② 建设范围。以广州市的从化、增城、花都、罗岗和白云等区（市）为主要建设基地。

③ 建设内容。在"十一五"建设的基础上，新建各类种植基地 7 处，每处建设面积 20 公顷；养殖基地 3 处，每处建设面积 30 公顷。

森林蔬菜：规划在从化、罗岗和白云建立 3 处食用笋竹、蕨菜、菊科的一些野生蔬菜（如革命菜等）产业基地。

森林药材：规划在从化、花都、增城、罗岗建立 4 处产业基地，包括各种菌类、五指毛桃、红豆杉、山栀、百合、葛根、八角等。

经济动物：规划在罗岗、白云、从化建立 3 处蛇类、鸟类和哺乳类经济动物产业基地。

（2）长期规划：

在未来森林食（药）品产业的发展中，将根据市场需求和中期产业的发展状况，确定是否再需要布局新的产业基地，投资主体仍以社会投资为主，政府主管部门只对该产业的发展进行调控和宏观指导与科学的管理。

3. 林业高技术产业工程

本工程是在传统林业产业（木材、林果等）生产的基础上，应用高新技术，使传统林产品和林副产品提高其产品价值，并通过改良经营技术，达到高效增产、控制病虫害发生的目的，并提高其生态效益。

本工程包括大径材培育、短周期工业用材培育、林果培育和棕榈藤培育等方面，鉴于广州市土地开发利用与商品林建设的矛盾将日趋突出，因此，在中长期规划中，将不再新增商品林建设面积，仍以"十一五"末期的建设面积为准。本工程仍以社会投资为主，政府主管部门仅对高新技术在该产业中的应用作示范研究和示范基地的投资。

（1）中期规划：

① 建设目标。通过对目标树种（林果）的分子标记、基因片断移植与诊断、良种选育、快繁组培、全材利用等高新技术的应用，使广州市传统的林业产业化得到较大的提升，同时提高目标树种的抗逆性和产品的品质。

② 建设范围。在广州市的从化、增城、花都、罗岗等区（市）建设高技术产业化示范基地11处。

③ 建设内容。利用广州市相关科研院校的技术力量，开展分子标记、基因片断移植与诊断、良种选育、快繁组培、全材利用等高新技术的应用示范研究，并与有关区（市）林业局、林科所、科技推广站等单位相结合建立示范基地。

大径材培育：在从化、增城建立2处示范基地，每处面积300公顷，培育种类以乡土树种为主，如红椎等。

短周期工业用材林培育：在从化、花都、增城建立3处示范基地，每处面积200公顷，以速生桉树为主。

优质林果示范基地：在从化、增城、花都和罗岗建立4处示范基地，以培育优质的岭南佳果和外引新品种为主，每处示范面积100公顷。

棕榈藤示范基地：在花都和增城建立2处示范基地，培育优质的棕榈藤产品，并着力开发藤笋资源，每处示范面积100公顷。

（2）长期规划：

林业高新技术的发展是无止境的，随着高新技术的发展，将这些技术应用到林业产业中是非常重要的。因此，在长期规划中，将瞄准国际林业各项技术前沿，引进并吸收，坚持高新技术的研究（引进）—开发—示范—推广的循环模式，以促进林业产业的健康发展。

（三）森林文化体系工程

森林文化是人类文明的重要内容，城市森林文化是城市文化和城市生态文明的重要组成部分。城市森林蕴含着深厚的文化内涵，以其独特的形体美、色彩美、音韵美、结构美，对人们的审美意识、道德情操起到了潜移默化的作用，丰富了城市的人文精神内涵。因此，森林文化工程体系的建设是现代城市森林建设的重要组成部分。

森林文化是人类对森林的敬畏、崇拜与认识，是建立在对森林认识及其各种恩惠表示感谢的朴素感情基础上，反映人与森林关系的文化现象，包括技术领域的森林文化与艺术领域的森林文化两大部分。

技术领域森林文化是指合理利用森林而形成的文化现象。如造林技术、培育技术、采伐技术、相关法律法规、森林计划制度、森林利用习惯等。还包括各地在传统风土习俗中形成的森林观和回归自然等适应自然思想。

艺术领域森林文化是指反映人对森林的情感、感性的具体作品，如诗歌、绘画、雕刻、建筑、音乐、文学等艺术作品的总称。其中包括森林美学的内容。我国历代有关森林的文学艺术家、历史学家甚至政治家，以及诗歌、小说，画家笔下的山水、草木、飞禽走兽，宫廷与民居建筑，园林艺术，家具及工艺雕刻等都属艺术领域的森林文化。

因此，广州市城市森林文化的建设，是构建和谐社会的必然要求。

1. 人居林建设工程

人居林是指在居住区及其周边的森林。人居林的建设对居民的身心健康具有极为重要的作用，因为住宅区的森林生态系统，一方面可提供减噪防尘、降温增湿、提供洁净空气、增加空气中负离子和芳香杀菌物质含量等生态功能，另一方面也为居民创造了一个良好的休闲健身之场所。人居林建设工程包括城区森林和村镇绿色家园建设两个方面，其中城区森林将结合城市绿化进行中长期规划，这里重点对村镇绿色家园的人居林建设进行规划。

（1）中期规划：

广州市现有 1257 个行政村，保留有 1246 片村后山风水林，据初步调查，风水林总面积达 9061 公顷。根据《广州市青山绿地工程（二期）建设规划》，到 2010 年止，将对 250 个行政村的围村林进行建设（即林中村建设），规划建设面积 125 公顷（平均每个村 0.5 公顷），改造和重建村后山风水林 750 片共 3000 公顷。

① 建设目标。在广州市青山绿地工程（二期）建设基础上，完成全市约 70% 的林中村建设以及现存的所有村后山风水林的改造或重建，使大部分村庄掩映于绿色之中，为广大村民提供优质的居住环境，促进社会主义新农村建设以及和谐社会的构建。

② 建设范围。在广州市属各区(市)所辖的行政村为本工程建设范围。

③ 建设内容。中期规划对广州市中心城区、从化、花都、增城、番禺和南沙的建成区的近郊（由近及远）共 500 个的村进行围村林的建设，平均每个村建设面积 0.5 公顷，合计面积 250 公顷；对其余的 496 片村后山风水林共 6061 公顷进行修复、改造和重建。

（2）长期规划：

完成其余 507 个村庄（一般在远郊地区）的围村林的建设，建设面积 254 公顷；对所有村后山风水林进行有效的封育和管护。各区（市）选择 3~5 个历史悠久、或具有纪念意义的历史文化古迹的村庄，建设一批精品村级生态和文化休闲公园。

2. 森林生态文化传承工程

森林生态文化的传承包括许多方面。从生态的角度来看，森林的生态效益就与文化有着不可分割的关联。我国历代的乡规民约对保护自然生态环境起到重要的作用，其根本原因是古代人意识到森林对人类生存和生活具有重要的保护和利用价值，因此，形成了一些相应的宗教仪规，并具有神秘性，因而具有文化特色。在这些文化的传承形式与传承机制上，有民间的口诵式传承、碑刻式传承、文书式传承、建筑（如庙宇）式传承等。

本工程项目包括森林博览城、纪念林、旅游点文化建设、森林疗养园的建设，主要为建筑式的传承形式，而森林博览城、旅游点的建设则更具有碑刻式传承、文书式传承形式。在这些工程建设中，将有机地融入森林生态文化的元素。

（1）中期规划：

广州市目前尚没有一处森林博览城，纪念林也很少，旅游点的文化建设和森林疗养园的建设也不成规模，无法产生规模效益和宣传效益，本工程规划将弥补这方面的空白。

①　建设目标。广州是岭南文化的代表地，而森林生态文化又是岭南文化的重要组成部分，通过本工程项目的建设，使广州的城市森林生态系统建设不仅具有生态功能和经济功能，而且更具有文化功能，从而实现"建设岭南绿色名城"的目标。

②　建设范围。在广州市的生态公益林、森林公园、自然保护区、自然保护小区、历史悠久的行政村等为本工程建设范围。

③　建设内容。森林博览园 1 个：规划在白云区帽峰山森林公园中建设，占地面积 30 公顷，分森林生态科普区、森林历史文化区、树化石区、观赏植物园区、标本馆等区域。

纪念林 5 处：规划在花都洪秀全故居、增城何仙姑、黄埔区清代状元墓群、罗岗区萝峰寺各建立 1 处纪念林，面积各 10 公顷；在白云区建设 1 处新婚纪念林，面积 20 公顷。

旅游点文化建设 6 处：在深入挖掘当地设立文化的基础上，规划在从化流溪河、石门、增城大封门、白水寨、南沙新垦湿地和花都王子山等森林公园建立与其相适应的文化景点，森林文化的内容不能类同，要各具特色，如流溪河的知青文化、新垦湿地的候鸟观赏文化、白水寨的水文化等。

森林疗养园 1 处：规划在从化温泉自然保护区外围（或从化五指山保护区外围）建设，占地面积 10 公顷。

（2）长期规划：

随着经济社会的不断发展和人民生活水平不断提高，人们对文化的消费支出将越来越高，因此，在长期规划中，将视社会需求再作具体的建设规划。但这些森林文化景点（区）的建设将主要局限在森林公园中，并且其建设理念必须复符合"建设岭南绿色名城、打造南粤生态家园"的长远目标。

（四）森林保护能力与科技创新平台建设工程

支撑平台工程建设是实现广州市城市林业良性发展的一个重要保障体系，是林业基础性投资建设的一个重要部分，包括以下两项工程。

1. 森林灾害防控与森林资源保护能力建设工程

本工程包括森林防火基础设施、森林病虫害与外来入侵有害生物控制、森林资源保护能力建设等三个方面，本工程是在"十一五"建设项目的基础上进行延续建设，并对已建成的项目进行更新和维护，对没有进行建设的内容进行补充。其中，森林资源保护能力建设是属于软件建设的范畴，如保护队伍、管理和制度等方面，不列入本中长期规划中。

（1）中期规划：

① 建设目标。完善"十一五"期间全市的森林防火、森林病虫害与外来物种监控系统，使广州市的森林资源处于一个良好的监控系统之中，确保全市的森林火灾率控制在1‰以下，森林病虫害和有害生物不造成大面积的危害，力争达到森林生态系统能自我控制与维持的目标。

② 建设范围。全市范围内的所有林地，均应完善相应的森林防火基础设施；全市范围内的所有林地病虫害控制、花卉苗木果品木材生产和市场检疫；全市林地和绿地的外来有害植物入侵的控制等三大方面。

③ 建设内容。森林防火系统：在"十一五"建设项目基础上，对所有森林防火设备（包括防火监控设备）进行系统维护和更新。

森林病虫害监控与防治系统：完善和维护森林病虫害检疫监测中心，继续在"十一五"基础上实施病虫害防治示范工程。

外来有害物种监控与防治系统：完善外来有害物种监控系统（与病虫害检疫监测中心联用）、继续实施外来有害植物防治示范工程。

本工程项目的建设内容和规模详见表7-8。

表7-8 广州市2011~2020年森林灾害防控与森林资源保护能力建设分项工程规划表

分项工程名称	建设内容	实施范围
森林防火系统	森林防火设备设施的维护和更新，包括：防火了望塔及其自动监视系统、森林消防车及其配套设备、森林防火通讯系统、高压水泵等	全市
森林病虫害监控与防治系统	以设备和设施的维护为主，包括检疫监测中心及其监测设备等；病虫害防治示范工程	以郊区（市）为主
外来有害物种监控与防治系统	以设备和设施的维护为主，包括检疫监测中心及其监测设备等；外来有害物种防治示范工程	以郊区（市）为主

（2）长期规划：

森林防火、森林病虫害与外来有害物种的防控是一项长期的事业，但随着森林生态系统结构和功能的不断提升，生态功能等级和森林健康度的提高，森林生态系统的抗逆性能也将得到提升，但森林火灾和森林病虫害危害始终是一项重要的基础工作，因此，在长期规划中，一方面要继续更新完善各类设备设施，另一方面要完善该项工作的宏观管理，特别在预警系统、快速反应等方面的建设要得到更进一步的提升，使森林防火、森林病虫害防控设备设施、管理水平达到国际先进水平。

2. 林业科技创新平台建设工程

科学技术是第一生产力，建立完善的林业科技创新平台，提高林业科技创新能力，加速林业科技成果转化，推进林业科技进步，是实现林业行业良性发展的必然要求。

（1）中期规划：

① 建设目标。依据林业科学的发展动态，瞄准林业科学的国际前沿热点，选择符合广州市林业发展所需的重点科学问题，特别是支撑林业生态工程的科学问题，有选择性地开展林业基础技术研究与工程支撑技术研究，使全市林业的科技贡献率达 60% 以上；构建较为完善的林业科技创新和管理平台。

② 建设内容。本工程包括林业基础科技项目、生态监测网络、林业科技推广服务体系、林业数字化平台建设与维护等方面。

本工程项目的建设内容和规模详见表 7-9。

表 7-9 广州市 2011~2020 年林业科技创新平台建设分项工程规划

分项工程名称	建设内容	实施范围
森林科技基础支撑项目	森林生态效益计量、林业生态税、森林清洁发展机制（CMD）、森林生态系统恢复配套技术、林业高新技术（分子技术、基因工程等）、森林产品全材利用与非木质林产品资源利用、林业科技发展政策等科研项目	市林业局科技处、相关的林业科技和推广单位
森林生态系统监测网络	帽峰山、新垦湿地、流溪河、大夫山和龙头山等 5 个森林生态系统监测站、森林生态系统网络中心和数据分析处理与预报中心	市林业局科技处
林业科技推广	各项林业科研成果的推广应用	市林业局科技处、下属各推广站
林业数字化基础平台及配套设施	在"十一五"已建立的平台基础上进行扩展维护与更新	市林业局及区（市）林业局

（2）长期规划：

到 2050 年，通过不断完善林业科技与管理体系，引进、消化和吸收国内外先进的林业科学技术，使全市的林业进步贡献率达到 75% 以上，

表 7-10　广州市林业发展中期（2011~2020）规划建设工程投资概算表

工程	工程名称	分项工程	单位	工程量	投资概算（万元）	合计（万元）	所占比例	备注
林业生态体系工程	山地森林保育工程	封育（功能等级二级转一级）	公顷	14342	24740	74567	18.7%	特指山地生态公益林
		改造（三级转二级）	公顷	16932	43812			
		改造（四级转二级）	公顷	598	2579			
		改造（四级转三级）	公顷	996	3436			
	湿地及沿海防护林保护与建设工程	红树林营造与修复	公顷	554	3823	29816	7.5%	平原区农田林网建设
		沿海防护林营建工程	公顷	3820	19769			
		南部农田防护林网建设工程	公顷	438	1889			
		流溪河、增江支流两岸林带建设工程	公顷	563	1748			
		西部污染控制带林带建设工程	公顷	500	45000			
	绿色通道建设工程	路网林带建设工程	公顷	2728	103528	103528	26.0%	以"四环十八射路网"为主
	特殊地段植被改造工程	丘岗地植被改造	公顷	2106	5449	10831	2.7%	
		采石场植被改造	公顷	1040	5382			
林业产业体系工程	森林生态旅游工程	从化组团	个	19（4/15）	39675	119025	29.8%	各组团的重点森林公园（保护区）为4，4，1，5，3个，重点建设的平均每个投资2000万元，一般建设的平均每个投资1000万元。
		增城组团	个	11（4/7）	25875			
		花都组团	个	6（1/5）	12075			
		北郊组团	个	12（5/7）	29325			
		南郊组团	个	4（3/1）	12075			

续表

工程	工程名称	分项工程	单位	工程量	投资概算（万元）	合计（万元）	所占比例	备注
林业产业体系工程	森林食（药）品产业工程	森林蔬菜	个	3	0	0	0.0%	产业基地建设，社会投资，在此不作概算
		森林药膳	个	4	0			
		经济动物饲养	个	3	0			
	林业高技术产业工程	大径材培育	公顷	600	1863	5520	1.4%	示范基地建设，各分项工程的基地数量分别为2、3、4、2个，每个面积分别为300、200、100、100公顷
		短周期工业用材林培育	公顷	600	1553			
		优质林果示范基地	公顷	400	1242			
		棕榈藤示范基地	公顷	200	863			
森林文化体系工程	人居林建设工程	围村林	公顷	250	776	16459	4.1%	500个村庄
		风水林	公顷	6061	15683			496片风水林
	森林生态文化传承工程	森林博览园	个	1	2875	16286	4.1%	
		纪念林	公顷	60	186			5处纪念林
		旅游点文化建设	处	6	10350			
		森林疗养园	处	1	2875			面积10公顷
森林保护能力与科技创新平台建设工程	森林灾害防控与森林资源保护能力建设工程	森林防火系统	套	1	3450	12650	3.2%	设备更新和维护
		森林病虫害监控与防治系统	套	1	5750			含监控中心设备更新和维护等
		外来有害物种监控与防治系统	套	1	3450			
	林业科技创新平台建设工程	森林科技基础支撑项目	项	80	7360	10212	2.6%	每年8项
		森林生态系统监测网络	个	6	552			5个野外站、1个数据监测中心
		林业科技推广	项	50	1725			每年5项
		林业数字化基础平台及配套设施	套	1	575			含各区（市）终端
合计					398894		100.0%	

形成完善的科技、产业、经济一体化的林业科技创新平台。

五、投资概算

本投资概算仅作中期规划的概算，是依据上述工程，以及当前各项工程的单价并综合考虑其他因素而概算的。考虑到 5 年后的未来 10 年中的一些变化因素，如经济社会发展过程中人民币的升值、物价上涨、劳动力费用的增加等，因此，概算单价在当前单价的基础上上浮了 15%。

本规划没有对长期规划中的投资进行概算。

（一）工程总投资

广州市林业中期发展工程中概算费用为 39.89 亿元，全部为政府投资，社会投资的工程仅列出了建设内容，未作投资估算，仅作参考。

（二）分项工程投资

各项工程投资详见表 7-10，分述如下：

林业生态体系工程投资为 21.87 亿元，占总投资的 54.8%，其中，山地森林保育工程为 7.46 亿元，占总投资的 18.7%；湿地与沿海防护林保护与建设工程 2.98 亿元，占 7.5%；绿色通道建设工程 10.35 亿元，占 26.0%；特殊地段植被改造工程 1.08 亿元，占 2.7%。

林业产业体系工程投资为 12.45 亿元，占总投资的 31.2%，其中森林生态旅游工程投资 11.90 亿元，占总投资的 29.8%；森林食（药）品产业工程政府不投资，全部为社会投资；林业高技术产业工程投资 0.55 亿元，占 1.4%。

森林文化体系工程投资为 3.27 亿元，占总投资的 8.2%，其中，人居林建设工程投资 1.65 亿元，占总投资的 4.1%；森林生态文化传承工程投资 1.63 亿元，占 4.1%。

森林保护能力与科技创新平台工程建设投资为 2.29 亿元，占总投资的 5.8%，其中，森林在防控与森林资源保护能力建设工程投资 1.27 亿元，占总投资的 3.2%；林业科技创新平台建设工程投资 1.02 亿元，占总投资的 2.6%。

（三）资金筹措渠道

广州市林业发展中期规划的建设工程内容属于生态公益型、示范性的基地以及支撑平台建设的公益事业，因此，本规划的所有投资均为政府投资，纳入政府财政支出预算。一些开发性的工程项目仅列出工程内容而未作投资概算，为社会资金投入的项目。

六、保障体系

（一）建立健全林业法规体系，继续推动依法治林工作

广州"十一五"期间将建立和完善广州地区义务植树实施办法、广州市古树名木保护管理办法、广州市城市林业建设工程管理与广州市城市绿地规划与保护等地方性法规和规范性文件，这将为广州城市林业的发展奠定良好的基础，并为广州市创建森林城市提供法律保障。

在"十一五"规划的基础上继续开展森林生态税征收管理办法的调研和立法工作。在国家发改委、财政部、国家税务总局、国家林业局等有关部门的指导下，根据广州市"林业碳汇项目研究"等科技支撑项目的研究结果、开展清洁发展机制（CDM）碳汇交易积累的经验、借鉴其他地区开展绿色 GDP 研究的成果，以及我国、广东省生态建设的发展需要和国家税收改革的总体指导原则，积极进行森林生态税征收管理办法的调研工作，在广州市率先开展森林生态税征收管理办法的立法试点工作。条件成熟后，将森林生态税作为国税或地税税目向国家和省立法机构提出立法建议。

根据我国生态建设和林业发展的战略部署，借鉴世界发达国家城市林业发展的成功经验、把握城市林业的发展方向，完善林业产权制度、健全林业产权流转管理办法；完善生态效益补偿机制、完善森林资源保护与林地保护方面的法律法规，巩固城市林业发展成果；调整林木采伐政策、建议将人工商品林的采伐限额制改为采伐备案制，鼓励非公有制林业发展，为城市特色林业产业化发展提供法律保障；在保证城市森林健康、城市森林资源清查及监测、城市森林建设中机构及团体间的合作、城市森林经营管理信息的传播、绿色 GDP 核算、循环经济、森林旅游等方面加强科学研究以及管理方面的立法工作，科学界定和协调城市森林与人及社会的关系，促进人与自然、森林与社会的和谐发展。

加强林业法制宣传和生态道德教育，强化行政执法人员培训、群众法律咨询以及法律援助工作，依法治林、靠法强林，构建城市林业法律服务体系。创新城市林业执法机制，加快林业综合行政执法改革，强化林业执法监管体系。建立健全各级林业行政主管部门的法制工作机构，

加强林业执法和行政许可监督体系建设，实行执法责任制和执法过错追究制，进一步规范林业执法和行政许可行为，完善广州市城市林业综合执法模式。

（二）建立和完善以各级公共财政投入为主的稳定的林业投入体系，建立健全多元化林业资金筹措渠道及投入机制

各级政府严格按照《广东省森林保护管理条例》的要求，确保对林业的投入占本级财政总支出的比例达到 1% 以上，有条件的地区还要逐步提高林业投入占财政总支出的比例，争取在 2020 年达到中等发达国家林业投入水平占 GDP1.5% 以上。多渠道、多形式引导社会资金投入林业，加快林业资源的科学、合理开发利用步伐。按照"谁开发投入、谁所有受益"的原则，鼓励跨所有制、跨行业、跨地区、跨部门投资发展林业，使各种所有制林业在市场竞争中发挥各自的优势，相互促进，共同发展。鼓励通过企业与社会团体捐款、冠名赞助和个人、社团认种认养等灵活多样的形式，创新社会办林业的路子。进一步扩大林业的招商引资和对外开放，积极创造条件吸引外资、社会资金投入林业建设。继续开展清洁发展机制 CDM 项目，与发达国家和有关国际组织进行碳汇交易，筹集林业发展资金。继续探索建立森林生态税的征收与管理制度。利用广州市 2010 年举办亚运会的契机，尝试发行体育精神与生态意识融为一体的绿色体育彩票，吸纳社会闲散资金投入林业建设。

（三）建立健全生态科普和林业普法体制，促进人与自然和谐的生态文明社会建设

通过政府引导实施、全民广泛参与，构建多元化的宣传教育主体机制，加强林业宣传教育管理机构、环保机构、社团、社会公众、有关国际组织等之间的交流与合作，充分发挥每个主体的积极作用。促进宣传教育内容体系化，针对城市林业的发展要求和特点，积极开展林业政策、法律法规、生态科普和科学发展观的宣传教育工作，制定宣传教育规划，规范宣传教育内容。采用多样化的宣传教育形式，充分利用电视、广播、报刊等传统媒体、网络等先进、快捷的渠道以及创新其他渠道，针对不同的受体（机关、学校、企事业单位、社会团体、居民等）采取不同的宣传教育方式，力求普及面广、宣传教育内容深入人心。通过宣传教育促使全社会重视林业在可持续发展中的重要地位与作用，不断提高依法治林的法律意识，落实科学发展观，促进人与自然和谐的生态文明社会建设。

（四）提高林业科技创新能力，促进林业科技成果转化

我国在总结"十五"期间经济和社会发展过程中各种经验的基础上，提出今后必须提高自主创新能力，深入实施科教兴国战略和人才强国战略。国家林业局《2001中国林业发展报告》的调查结果表明，"九五"期末，我国林业科技进步贡献率仅为27.3%，2001年为34%，而同期发达国家林业科技贡献率已达60%以上。广东省连续出现的能源荒、民工荒以及土地资源紧张、环境污染严重等各种现象已充分说明本省现有的集粗放型增长和外源型主导于一身的发展模式几乎已经走到尽头，广东省必须率先实施自主创新战略。

实现自主创新战略，首先要树立"以人为本"的管理思想，加强我市城市林业人才的培养。对人才大力进行创新能力教育，培养出大批有创新能力的科研和管理人才，尤其注重培养青年人才。提高林业科技、管理创新能力，既在制度、体制、机制、法律法规与政策方面进行改革，也注重创造有利于科技创新思想产生的环境和条件，加强创新文化的建设和发展。

构建科技创新与推广体制，加大科技投入，提高科研水平；通过林业科技创新平台建设工程，完善林业科技服务平台和林业信息数字化服务平台，健全林业科技推广网络，加快科技成果转化，提高林业科技贡献率。

（五）深化林业管理体制改革，充分发挥市场机制的作用，提高林业管理水平

城郊一体化布局是城市林业建设的方向，广州市围绕打造经济中心、文化名城、山水之都，积极把林业纳入城市发展战略，促进以林区木材生产为主的传统林业向以城乡一体化生态建设为主的城市林业转变，实施"森林围城、城在林中"战略，建设森林城市、生态城市。在城市林业城乡一体化建设过程中，广州市林业局和广州市市政园林局分割管理广州市绿化工作的这种部门管理模式就越来越不适应社会的发展，两部门的工作职责已开始发生模糊，趋向融合；由于事权不统一，在现实中还可能出现争利益、推责任等问题，影响行政效力、浪费国家行政资源。建议选择适当时机，将广州市林业局与广州市市政园林局中的园林行政职能合并，统一绿化管理体系，避免多头管理。

提高林业职能部门管理水平—完善数字化林业建设、加强林业的现代化信息管理水平；完善林业工程相关技术标准与管理规则；完善林业建设目标的各级政府任期责任制；完善森林灾害防御机制等。借鉴国际上林业发达国家的先进管理经验和遵从市场经济本身的内在发展规律，林业管理部门应主要在政策法规制定、科技研究和成果推广、技术咨询服务、人才教育与培训以及林业市场的发展培育等方面作为宏观调控者、市场秩序维护者和相关部门及公共利益的协调和统筹者发挥出积极作用，真正做到不缺位、不越位，把政府职能转到经济调节、市场监管、社会管理和公式服务上来。

（六）协调与统筹社会主义新农村和城乡一体化建设，以城市林业建设带动社会主义新农村建设

将社会主义新农村绿化纳入城市林业建设内容，以中心镇、村和林带沿线、林区周边的村庄为重点，大力开展新农村的绿化建设；带动社区林业和生态文明村建设，改善城乡生态环境，实现城乡一体化发展。将特色林业产业工程与社会主义新农村建设有机结合在一起，充分利用农村的土地、劳动力等资源和城市的资金与管理等优势大力发展花卉苗木、用材林培育、林果、野生动植物产业化饲养与繁育等产业，通过城市反哺农村，积极为农民创造更多的就业机会，带动农村经济发展。

（七）加强区域合作，充分利用泛珠三角合作框架机制，推动林业共同发展

泛珠三角区域内澳港及其他九省（自治区）之间在人才、资金、技术、制度、管理经验和经济社会发展方面互补性很强。我省林业部门将在以下方面逐步推进泛珠三角区域合作：森林生态旅游、林业科技、林业有害生物防疫、林业生态建设、原料林基地建设和林业信息化等。广州作为珠江三角洲城市群的核心龙头城市，城市林业的发展对其他地区有强烈的示范和辐射带动效应。充分利用《泛珠三角区域合作框架协议》，推动广州市与泛珠地区在林业生态建设和环境保护、林业科技、森林旅游和林业信息化等领域内的合作，实现资源共享、促进城市林业的共同发展。

（八）完善国有林场、森林公园和非公有制造林的产权与管理机制

加强和谐社会建设和促进城乡区域协调发展，在2006~2007年即将制定的物权法的基本原则的指导下，创新国有林场、森林公园和非公有制造林的产权与管理机制。进一步深化改革，完善国有林场管理体制，充分利用泛珠三角区域合作机制中森林旅游与林业生态环境建设领域合作的有利时机，继续推进广州市属 4 个国有林场（流溪河林场、大岭山林场、梳脑林场、增城林场）和各区、县属的国有林场的改革，将全部国有林场划分为生态公益型林场，引入社会资金，放开经营权，实行经营权和管理权分离。

对公益性、公众影响力强的森林公园，继续探索建立集体林权国家收购为国有林地或部分国家收购、部分由林农入股的森林公园产权管理模式。进一步完善森林公园建设管理机制，对森林公园采用森林资源资产评估，实行管理权与经营权分离，探索采取拍卖、招投标等方式，将经营权出让给企业、组织或个人，以森林公园的建设带动森林旅游业的发展，并依托所在林场、集体林区的良好人力资源基础，推动森林旅游的纵深发展，增加林场职工和当地农民的就业渠道。

建立健全林权登记管理中心和森林资源评估中心，对林权证实行动态管理，加强林权流转供求、木材及林产品市场价格、林权抵押贷款等信息发布的管理服务。对于商品林，林地集体所有权和用途不变，林地使用权和林木所有权、经营权、收益权落实到经营主体，并实行林权有偿流转。调整林木采伐政策，将人工商品林的采伐限额制改为采伐备案制，鼓励非公有制林业发展，促进城市林业中特色林业的产业化发展。

（九）探索多种方法逐步解决生态移民问题

在森林公园、重点自然保护区、防护林建设等林业生态体系建设工程，生态旅游、高技术产业建设等林业产业体系建设工程中，以及国有林场改革分流中出现的生态移民，政府应本着"以人为本、人与自然和谐相处"的基本原则，采取平等、自愿协商的形式，精心策划、细致准备、量力而行，分批分次逐步完成。可采用提高生态补偿金、政府交纳林农社会保险金、林农入股参与生态项目经营管理或优先录用为工作人员等多种途径解决移民的补偿、劳保和工作问题；结合社会主义新农村建设规划和城市化发展方向，通过政府补助、个人集资、社会服务等多渠道筹集资金解决移民的住房安置问题。

附 件
APPENDIX

《广州市林业发展规划》专家评审意见

2005 年 12 月 28 日，广州市人民政府邀请国务院参事室、国家林业局、国际竹藤组织、中国科学院、中国林业科学研究院、中国花卉协会、安徽农业大学、中山大学、华南农业大学、广东省农科院、广东省林业调查规划设计院、广东省林科院等国家有关部门和科研院校的专家，对《广州市林业发展规划》项目成果进行了评审。评审委员会听取了项目汇报，并审阅了《广州城市林业概念规划》（以下简称《概念规划》）和《广州市林业"十一五"发展规划》（以下简称《"十一五"规划》）文本，经讨论形成评审意见如下：

一、项目立足广州市经济社会可持续发展全局，研究制定了林业发展《概念规划》，并在此基础上编制了《"十一五"规划》，是贯彻落实科学发展观、党的十六届五中全会精神和《中共中央 国务院关于加快林业发展的决定》的重大举措；是广州举办"绿色亚运"、建设"适宜创业与人居"的城市、构建和谐社会的重要内容；对推动我国城市林业快速、健康发展具有重要示范带动作用。

二、该项目根据广州经济社会可持续发展对林业的新需求，确立了"建设岭南绿色名城，打造南粤生态家园"的基本理念。创新性地提出了加快发展生态林业以保障南粤生态安全，加快发展人文林业以弘扬岭南森林文化，加快发展多效林业以推动广州绿色 GDP 增长的指导思想，使广州林业更好地服务于城市的协调、健康和可持续发展。

三、针对"山、水、城、田、海"的生态景观格局和经济社会环境等因素，确立了"构筑生态廊道，优化森林网络；发展近自然林，提高资源质量；活跃森林旅游，繁荣特色产业；加强灾害监控，保障森林安全；传承岭南文化，建设森林城市"的林业发展总体目标。在规划中首次定量确定了林水结合度、森林自然度、林分定向改造率等体现"林网化—水网化"的城市林业发展指标。在理论和方法上具有创新性。

四、在城市群层面上，运用点、线、面相结合的森林生态网络体系建设理论和林水结合的城市林业建设理念，首次提出了"一城三地五极七带多点"的广州林业建设布局，明确了"三林三园三网三绿"的建设构架，符合广州现状及未来发展的需求，对广州市森林资源的科学配置和林业可持续发展具有十分重要的意义，对我国城市群区域林业的协调发展具有重要指导意义和示范作用。

五、项目紧密围绕广州市总体发展目标和举办"绿色亚运"的需求，与相关部门的规划衔接，在"概念规划"中提出了广州林业中长期发展的十大重点工程，在"十一五"规划中编制了林带建设与天台绿化、森林公园和生态旅游建设等八项重点工程。从制度政策、人力资源、资金投入、科技创新等方面构建了广州林业发展保障体系。《规划》具有较强的科学性、前瞻性和可操作性。

评审委员会认为，《广州市林业发展规划》是一项理论与实践、宏观与微观相结合，具有系统性、综合性、前瞻性和可操作性的规划研究成果，在理论和实践上有所创新和发展。该项目在城市群层面上进行的城市林业发展规划为国内首创，居国际领先水平。

评审委员会建议广州市委、市政府及相关部门在制定广州市中长期发展规划中充分吸纳项目研究成果，保障《广州市林业发展规划》的有效实施，为建设"生态广州、绿色亚运"发挥积极作用，为全国城市林业的发展探索经验并做出示范，引领我国城市林业健康发展。

主任委员

2005 年 12 月 28 日

附件 2

《广州市林业发展规划》项目评审会评审专家名单

1	罗富和	广东省政协副主席、广东省农科院院长、教授
2	盛炜彤	国务院参事、中国林科院首席科学家、研究员
3	胡章翠	国家林业局科学技术司副司长、高级工程师
4	姜伟贤	中国花卉协会常务副会长
5	吴志民	国际竹藤组织副总干事、高级工程师
6	陈俊勤	广东省林业局副局长
7	彭少麟	广东省珠江学者、中山大学教授
8	周国逸	中国科学院华南植物园副主任、研究员
9	吴泽民	安徽农业大学教授
10	李　敏	华南农业大学教授
11	白嘉雨	中国林科院首席科学家、研究员
12	林俊钦	广东省林业调查规划设计院院长、高级工程师
13	曾令海	广东省林科院副院长、研究员
14	徐大平	中国林科院热带林业研究所所长、研究员
15	王浩杰	中国林科院亚热带林业研究所所长、研究员
16	陈晓鸣	中国林科院资源昆虫研究所所长、研究员
17	蔡道雄	中国林科院热带林业实验中心主任、高级工程师

附件 3

《广州市林业发展规划》编制人员

一、总编制组

组　　长：彭镇华　中国林业科学研究院首席科学家，教授

副组长：谢左章　广州市林业局副局长，工程师

　　　　宋　闯　中国林业科学研究院副院长，高级工程师

成　　员：王　成　中国林业科学研究院，研究员

　　　　刘燕堂　广州市林业局

　　　　粟　娟　广州市林业局，副研究员

　　　　陈先仁　广州市林业局

二、专题编制组

【专题组一】 广州林业发展定位与理念

组　　　　长：李智勇　刘燕堂

主要参加人：樊宝敏　校建民

【专题组二】 广州林业发展指标

组　　　　长：张志强　徐程扬

主要参加人：谢宝元　李湛东　王春英　刘丽娜　邢　星

【专题组三】 广州林业发展总体规划与布局

组　　　　长：王　成　粟　娟　贾宝全

主要参加人：郄光发　詹晓红　孙朝晖

【专题组四】 广州林业工程建设规划

组　　　长：李意德　黄世能

主要参加人：陈步峰　徐建民　骆土寿　孙　冰
　　　　　　周光益　许　涵　陈德祥

【专题组五】 广州数字林业系统

组　　　长：胡月明　贾宝全

主要参加人：包世泰　张河远　杨海东　谢健文　谢洁锐　王长委

【专题组六】 广州林业发展保障体系

组　　　长：张方秋　邱尔发

主要参加人：吴泽鹏　崔　杰　潘　文

附件 4

在《广州市林业发展规划》项目评审会上的讲话

广州市人民政府副市长　苏泽群

（2005 年 12 月 28 日）

尊敬的江泽慧院长，

尊敬的各位领导、专家，同志们：

今天江院长和邓局长给我们做了很好的指示，刚才各位评审专家畅所欲言，对广州的生态环境建设倾注了很高的热情，对我们这个规划项目提出了很多很好的意见和建议，我非常感谢江院长、邓局长和各位专家对广州林业工作的关心和支持！

去年 9 月，广州市林业局与中国林业科学研究院签订了《广州市林业发展规划》项目合作协议，经过项目组专家一年多来的努力，项目取得了丰硕成果，形成了广州林业概念规划和"十一五"规划文本。今天，我们在这里隆重召开《广州市林业发展规划》项目评审会。在此，我代表广州市委市政府向付出辛勤劳动的项目组专家表示衷心的感谢！

规划在深入各郊区县考察调查、充分了解广州林业建设现状的基础上，经过多次研究讨论，于 2005 年 1 月形成了广州林业发展的指导思想、奋斗目标、总体布局等规划的基本核心内容，2005 年 6 月形成了"十一五"林业发展的目标和重点建设工程。规划初稿完成后，分别征求了市发改委、市财政局、市规划局、市国土局、市环保局等 10 多个委办局、9 个区（县）林业部门的意见，广泛吸纳了他们的意见和建议。

这次评审后，项目组要把各位领导和专家的意见，进一步吸收到我们的规划当中来，认真修改，补充完善，并尽快形成项目正式成果资料。

　　《广州市城市林业概念规划》和《广州市林业"十一五"规划》凝结着专家组的心血和汗水，倾注着他们对广州的热爱与热情。我们必须珍惜这一成果，认真扎实地把规划真正落到实处。

　　一是在编制全市的"十一五"发展规划中充分利用林业规划成果，把它吸收到全市的"十一五"规划当中，今天我们几个主要部门都来了，特别是牵头的发改委也来了，要进一步提高广州政府各职能部门的认识，要从林业是人与自然和谐的基础、是可持续发展的生态保障、是构筑"两个适宜"城市的重要元素这个高度来认识，把林业的发展融入到我们各部门工作当中去，从不同的角度发展好广州的林业。各有关单位要结合本单位、本部门实际情况，充分采纳、吸收林业规划成果。

　　二是要把林业概念规划作为广州建设"两个适宜"城市的重要内容来抓，"一城、三地、五极、七带、多点"的空间布局和"三林、三园、三网、三绿"的结构布局为广州的绿色环境钩绘出了美丽的蓝图。

　　三是要把"十一五"规划的八大重点工程作为"生态广州、绿色亚运"、作为城市有生命的基础设施来重点推进。八大工程包含生态建设、产业建设、森林资源安全保障建设等方面的建设内容，工程的实施将全面推进我市林业现代化建设进程，加速广州"岭南绿色名城、南粤生态家园"的城市建设。"十一五"的五年计划投入30个亿，我觉得广州各级政府五年内拿出30亿来不是问题，但反过来这30亿所换回来的价值远远不止30亿。

　　四是要把"十一五"规划项目的实施与创建"国家森林城市"结合起来，通过创建"国家森林城市"，推进广州生态建设，促进人与自然和谐，协调生态、经济、社会可持续发展。

　　最后，再次对辛勤劳动的各位专家表示由衷的感谢。

　　谢谢大家！

附件 5

在《广州市林业发展规划》项目评审会上的讲话

江泽慧

（国家林业局党组成员　中国林业科学研究院院长）

（2005 年 12 月 28 日）

尊敬的苏泽群副市长，各位专家，同志们：

我很高兴来到广州，与各位领导、专家一道，参加由广州市人民政府主持召开的《广州市林业发展规划》项目评审会。《广州市林业发展规划》项目是由广州市林业局和中国林业科学研究院共同组织，由中国林科院承担实施的一个重要的城市林业规划项目。这一项目既是新时期广州市林业发展、生态城市建设和绿色亚运的重要选题，同时也是我国现代林业尤其是城市林业研究的重要内容。经过北京和广州方面专家一年半的攻关研究，项目已完成了《广州城市林业概念规划》和《广州市林业"十一五"发展规划》，取得了重要进展。今天，很高兴能邀请到来自广东和北京的知名专家和国家林业局、广东省、广州市主管部门领导参加项目成果审定会，听取各位专家和领导的宝贵意见。

随着我国经济社会的快速发展和城市化进程的加速，建设生态城市、宜居城市，推动城市和谐发展，已成为我国城市可持续发展的重要方向。森林作为陆地生态系统的主体，在改善城市生态环境中具有不可替代的重要作用。加大城市森林建设力度，加快城市林业发展步伐，也已成为我国城市可持续发展的重大举措。

这些年我对城市林业与城市生态环境问题一直十分关注，对国外一些城市和国内主要城市的林业发展进行了考察、调研。我深刻的感受到，从国际层面到国家层面和区域层面，都对大力发展城市林业和推动城市生态化有着广泛的共识和积极的行动。

从国际层面看，加快城市森林建设，走生态化城市发展道路，是共同努力的发展方向。

一方面，生态化城市建设是世界城市发展的新潮流。在实施城市可持续发展战略中，生态化城市已成为全球城市可持续发展的重要方向。"生态城市"是城市生态化发展的结果，是社会和谐、经济高效、生态良好的人类居住区形式。到20世纪后期，"生态城市"已经被公认为是21世纪城市建设模式。无论是发达国家还是发展中国家，都必须将本国城市协调发展置于重要战略地位，实现"人—社会—自然"的和谐发展，走生态化的城市发展道路。近年来，欧盟十分重视城市林业发展，在亚欧领导人会议确立的亚欧科技合作框架中，把城市林业作为林业科技合作的重要内容，2004年首届亚欧城市林业国际研讨会在苏州、北京成功举办，2006年6月第二届亚欧城市林业国际研讨会还将在丹麦首都哥本哈根召开，亚欧城市林业科学院也正在协调筹组之中。城市林业已成为国际林业的一大亮点，生态化城市建设已成为世界城市发展的新潮流。

另一方面，城市森林建设是生态化城市发展的重要内容。在生态化城市的发展中，城市森林植被作为城市之"肺"，具有独特的生态服务功能。在城市森林建设和城市林业发展的实践方面，亚欧许多国家都取得了令人瞩目的成就。近几年我走访了亚欧一些国家，德国、法国、芬兰、瑞典、日本、韩国、印度尼西亚等亚欧国家的城市森林给我留下了深刻印象。尤其是这些国家在城市发展过程中，注重通过发展城市林业以保护和改善城市生态环境，不仅注重绿化、美化，更十分注重对城市原生森林生态系统的保护和城市人工林的近自然经营，充分发挥森林的各种生态服务功能，加快城市生态化进程。

从中国层面看，生态城市建设既有中国传统生态文明的历史底蕴与实践，也有中国现代生态城市建设的理念与行动。

一方面，古代的中国，生态文明是中华文明的重要组成部分。中国古代先民对天人关系即人与自然的关系有着深刻的感悟，"天人合一"与"道法自然"的朴素生态伦理道德和生态文化体系博大精深，生态文明源远流长。中国古代城市大多依山、依林、依水而建，如中国的七大古都西安、洛阳、北京、南京、开封、杭州、安阳大多如此，集中反映了山、水、林与人、居、城和谐共处的理念，体现了今天我们所强调的"城市生态化"的内涵。

　　另一方面，在新时期实施以生态建设为主的林业发展战略中，确立了推动城市生态化为目标的全新城市林业发展战略。在温家宝总理亲自关心指导下开展并完成的"中国可持续发展林业战略研究"，第一次明确提出了实施中国城市林业发展战略的整体构想。其核心理念是：在城市中心区建设"绿岛"，在城市近郊区建设"绿带"，在城市远郊区建设"绿林"，把森林引入城市，用森林拥抱城市，走生态化城市发展道路。在这一城市林业发展战略的指导下，许多城市都在积极推动生态城市和森林城市的建设与实践。包括广州在内的中国不少城市如北京、上海、贵阳、长春、大连、深圳、合肥等提出了要建设生态城市、森林城市的设想，并积极采取步骤加以实施。国家林业局也启动了"国家森林城市"的评选活动，并于 2004 年和 2005 年分别授予了贵阳市和沈阳市"国家森林城市"的称号，目前已有许多城市提出了申报 2006 年度"国家森林城市"的积极愿望。全国政协贾庆林主席为 2004 年首届中国城市森林论坛的题词"让森林走进城市，让城市拥抱森林"，描绘了我国城市林业发展的美好未来，指明了我国城市林业发展的前进方向。

　　我也很高兴的看到，广东省和广州市各级领导对城市林业发展高度重视，正在全面实施以生态建设为主的城市林业发展战略。年初中共广东省委、广东省人民政府做出《关于加快建设林业生态省的决定》，张德江书记强调指出，保护和改善生态是实现生产发展、生活富裕的重要前提和有效保障，是统筹人与自然和和谐发展的关键。没有林业的可持续发展，就没有生态状况的根本性改善；没有良好的生态状况，就没有经济社会的可持续发展；没有可持续发展就没有全面小康社会。《决定》的发布实施，对于推动广东省林业持续、稳定和协调发展，维护生态安全，全面建设"和谐广东"和"绿色广东"，具有重大的现实意义和深远的历史意义。

　　广州市委、市政府按照广州市城市建设"南拓、北优、东进、西联"的发展要求，积极实施"森林围城、森林进城"的城市林业发展战略，确定了建设适宜创业发展和生活居住的山水生态城市的广州市发展总体目标。面向未来，"生态广州、绿色亚运"的建设为广州林业提供了大好发展机遇，更进一步加强了林业在"生态广州、绿色亚运"建设中的基础地位，按照"建设岭南绿色名城，打造南粤生态家园"发展理念，加快发展生态林业以保障南粤生态安全，加快发展人文林业以弘扬岭南森林文化，加快发展多效林业以推动广州绿色 GDP 增长，使广州林业更好地服务于城市的协调、健康和可持续发展。把广州建设成为森林绿岗山、森林绕名城、森林保良田、森林护碧海的现代化大都市。

各位领导、各位专家：通过这次项目研究成果的评审，广泛听取各位专家和相关部门领导的意见、建议，围绕"生态广州、绿色亚运"发展目标，在进一步加大现有研究成果的运用力度的同时，继续深化后续研究，力争使项目研究取得更大的成果。

《广州市林业发展规划》作为一个把理论与实践紧密结合的探索性研究，涉及部门多、范围广，政策性强，研究难度较大。我相信，有国家林业局、广东省、广州市各部门领导的支持和指导，有项目组全体参研人员的通力合作，《广州市林业发展规划》一定能够实现预期研究目标，为新时期的广州林业发展、生态城市建设和绿色亚运的成功举办发挥更大作用，做出更大的贡献！

谢谢大家！

附件 6

广州市林业发展规划

彭镇华

（中国林业科学研究院首席科学家）

（2005 年 12 月 28 日）

尊敬的各位领导、各位专家：

下午好！

改善生态环境、建设绿色广州，实施城市林业发展战略，是广州市委、市政府贯彻党的十六届五中全会精神和《中共中央国务院关于加快林业发展的决定》，实施可持续发展战略的重大决策，也是广州建设"经济中心、文化名城、山水之都"，打造"两个适宜"城市的一项战略举措。对广州举办绿色亚运，建设社会主义新农村、构建和谐社会，促进广州经济社会的全面、协调、可持续发展具有重要的现实意义和深远的历史意义。

新中国成立以来，广州林业取得了快速发展。特别是近年来，随着广州经济发展、社会进步和人民生活水平的提高，社会对加快林业发展、改善生态状况的要求更加迫切，相继启动实施了"青山绿地"等林业生态工程，初步改变了广州绿地"北多南少，西东更少"的格局，林业在经济社会发展中的地位和作用更加突出。目前，全市"林带＋林区＋园林"城区与郊区一体化的城市森林发展格局已经基本形成，林业生态体系、产业体系和森林资源安全保障体系基本形成，生态环境质量明显改善，城市面貌显著改观，林业在广州乃至珠三角地区经济社会发展中发挥着越来越重要的作用。

刚才，江泽慧院长和陈俊勤副局长对规划的意义和前期工作情况作了介绍。本规划首先从整个林业发展的战略思考，制定了《广州城市林业发展概念规划》，明确了今后一个时期林业发展的思路，在此基础上，为了更好地指导"十一五"时期城市林业建设工作，按照市政府统一要求，编制《广州市林业发展"十一五"规划》。同时也就与林业相关的一些问题进行了探讨。由于时间关系，在这里我代表规划组把两个规划要点向各位做简要介绍：

第一部分　概念规划

包括六部分：

一、广州市林业发展背景分析

（一）森林在城市和谐发展中的作用

林业作为生态环境建设的主体，是统筹人与自然和谐发展的关键，在改善城市生态环境中的作用尤为重要。主要体现在三个方面。

首先是改善城市生态环境：城市森林能够改善小气候、缓解热岛效应、减轻空气污染、固碳放氧、减弱噪音、杀菌除尘、减轻土壤重金属污染。城市林业建设已经不仅仅是一个单纯的绿化美化的问题，而是事关城市生态安全以及周边地区农业食品安全的大问题，与人的身心健康、生命安全紧密相关。

其次是森林益于市民身心健康：城市是人口最为集中的地方，城市森林建设与城市居民的身心健康、生命安全紧密相关。森林中的特殊气味具有消除疲劳和心理不安的作用。在人的视野中，绿色达到25%时，就能消除眼睛和心理的疲劳，使人的精神和心理最舒适。

第三是森林促进城市经济发展：城市森林具有多种类型，能为社会提供丰富的林产品和各种生态服务功能，已成为城市品牌和城市品位的重要象征，对提高城市综合竞争力和优化投资环境具有重要作用，并带动旅游、房地产等相关产业的发展，为城市带来具有巨大的经济效益。

（二）国外城市林业发展启示

从当前国外城市林业建设现状看，虽然各个国家的国情不尽相同，城市林业发展水平各异，但在实践中有许多成功的经验值得我们借鉴。

（1）城市林业发展规划的制定是城市林业建设的关键。

（2）城市森林成为城市基础设施的重要组成部分。

（3）近自然林模式是城市林业建设的主导方向。

（4）法律法规的制定和实施是城市林业建设成功的保证。

（5）群众或社团组织积极参与是城市林业建设的动力。

（6）经济投入是城市林业建设的保障。

（7）城郊森林对控制城市的无序扩张发挥了重要作用。

（三）国内城市林业发展启示

进入新世纪，国家对城市林业发展日益重视。"城市林业发展战略"被确立为中国可持续发展林业战略的重要组成部分。综观我国当前城市状况，城市林业建设呈现如下趋势：

（1）推进可持续发展是城市林业建设的重要目标。

（2）以人为本的发展观是城市林业建设的主题。

（3）经济发展和政府重视是城市林业建设的主要动力。

（4）群众积极参与是城市林业发展的重要活力。

（5）林水结合是城市林业建设的核心理念。

（6）城郊一体化布局是城市林业建设的方向。

（7）个性化发展是城市林业建设的追求。

（8）高新技术的应用是城市林业发展重要支撑。

（四）广州市林业建设与珠江三角洲城市群发展

改革开放以来，珠江三角洲创造了经济发展的奇迹，但同时也面临着许多突出的生态环境问题，大气污染、水污染、土壤污染等问题比较突出。广州地处核心地带，在林业生态建设方面应该发挥核心的作用，促进珠江三角洲生态建设的一体化。

1. 广州是连接沿江都市带的枢纽，应该走在珠三角生态建设的前列

（1）区位优势：深圳的区位优势主要体现在它面对香港和东南亚上，如果将珠三角作为一个区域整体的话，最占区位优势的还是广州。

（2）行政优势：广州是省会城市，本身具有强大的整合能力，非一个地区城市所能比拟。

（3）影响范围优势：目前排第二位，仅次北京。广州在吸取了一些制度创新和结构创新的能力后，它所发挥出的能量将比一个市级城市所能发挥的能量要大，将会影响到全省。

（4）历史渊源优势：广州拥有更加悠久的城市历史文化。

综上所述，在珠江三角洲的生态建设中，应该将广州市林业放在优先发展的位置。

2. 建设好广州林业对珠江三角洲将具有示范与带头作用

目前，广州正向国际化大都市的目标迈进，面临许多新的发展机遇，国际交往日益频繁。发展广州林业，创造良好的生态环境，有利于树立珠江三角洲都市带的国际形象，缩小与发达国家城市森林建设的差距，促进本地区经济社会的可持续发展。

二、广州市主要生态环境问题

（1）城区污染问题突出：包括大气污染、水污染、噪声污染、热岛效应等方面。

（2）城郊环境形势严峻：其中土壤污染较为普遍，生态用地受到挤占，采石场对生态景观破坏严重，以及固体垃圾问题。

（3）山区水土流失不容忽视。

（4）湿地系统功能退化。

（5）市域生态系统破碎化。

三、广州市林业发展现状与潜力

目前广州林业正处在巩固、提高、协调发展的阶段。

（一）林业发展现状

广州市林业用地面积 29.93 万公顷，森林覆盖率 38%。

（1）林业用地全面实现有林化：经过多年来林业各大工程的实施，广州市的林业用地已经得到了充分利用，97.5% 的林业用地有林化。

（2）森林质量不断提高：目前，公益林总面积已经由 1996 年的 26.8% 提高到 2005 年的 53.2%，商品林面积由 22.9 万公顷降低到 14 万公顷。在商品林中，用材林由 17.45 万公顷降低到 10.65 万公顷，经济林由 4.03 万公顷降低到 3.23 万公顷。在公益林中，以松类为主的针叶纯林面积由占总面积 51% 降低到 39%。

（3）林业产业发展迅速：2004 年，全市建成以南洋楹、尾叶桉等各类速生丰产林近 50 万亩，种植荔枝、龙眼等各类经济林面积达 83.5 万亩，经济林产值达 14 亿元，占农业总产值的 8.3%。全市苗木花卉年产值为 14.6 亿元，年产苗木花卉 1.44 亿株（盆），从业人员 6163 人。全市已批建森林公园 46 个。2003 年 10 个森林公园接待游客 525.9 万人次，森林公园全部建成后，游憩承载量将达到每年 800 万人次。

（4）林业管理逐步现代化：自 20 世纪 90 年代以来，分别建立了广州市城市林业管理信息系统、广州市城市森林资源动态监测体系、林地地籍管理系统、广州市森林防火信息系统（一期）等。建立了森林公园和风景林环境监测网络，实现了环境质量的自动化监测、预报与定时发布。

（二）存在问题分析

（1）森林资源总量需要进一步增加。

（2）城市森林空间布局需要进一步优化。

（3）森林总体质量需要进一步提高。

（4）森林灾害防控能力需要进一步加强。

（5）林业产业需要进一步发展。

（三）必要性

（1）加快广州林业发展是经济社会可持续发展的客观要求。

（2）加快广州林业发展是改善珠江三角洲生态环境的必然选择。

（3）加快广州林业发展是举办 2010 年"绿色亚运"的迫切要求。

（4）加快广州林业发展是建设生态城市的核心内容。

（5）加快广州林业发展是弘扬岭南文化的时代要求。

（6）加快广州林业发展是满足社会多样化需求的重要途径。

（四）发展潜力

（1）优越的自然条件为广州林业发展提供了广阔空间。

（2）雄厚的经济实力为广州林业发展提供了坚实后盾。

（3）繁荣的旅游市场为广州林业发展带来了无限契机。

（4）深厚的历史文化为广州林业发展丰富了建设内涵。

（5）社会的积极参与为广州林业发展注入了勃勃生机。

（6）政府的高度重视为广州林业发展提供了有力保障。

（7）城市的快速发展为广州林业发展创造了大好机遇。

（五）限制因素

广州市的林业建设具有很大的潜力，同时也有一些限制因素。主要表现在以下几个方面：

（1）林业建设用地紧张。

（2）林业建设难度加大，成本提高。

（3）林业科技储备相对不足。

（4）现行管理体制不能适应现代林业发展的要求。

四、指导思想与建设原则

（一）指导思想

以邓小平理论、"三个代表"重要思想为指导，树立科学发展观，实施以生态建设为主的林业发展战略，博采众长，突出特色，以"建设岭南绿色名城，打造南粤生态家园"为基本理念，在生态广州建设中赋予林业以首要地位，加快发展生态林业以保障南粤生态安全；在文化广州建设中赋予林业以基础地位，加快发展人文林业以弘扬岭南森林文化；在经济广州建设中赋予林业以重要地位，加快发展多效林业以推动广州绿色 GDP 增长，使广州林业更好地服务于城市的协调、健康和可持续发展。把广州建设成为森林绿群山、森林靓珠水、森林绕名城、森林保良田、森林护碧海的现代化大都市。

（二）建设原则

（1）生态优先，以人为本。

（2）兼顾效益，形成产业。

（3）政府主导，公众参与。

（4）林水结合，城乡一体。

（5）科教兴林，依法治林。

（三）规划依据

规划依据主要是《中华人民共和国森林法》《城市规划法》《中华人民共和国土地法》《中华人民共和国环境保护法》《中华人民共和国基本农田保护条例》《中共中央 国务院关于加快林业发展的决定》《广东林业生态省建设规划（2005~2020 年）》《珠江三角洲区域协调发展规划》《广州市城市总体规划》《广州市生态城市规划纲要（2001~2020 年）》《广州市城市生态可持续发展规划》《广州市土地利用总体规划（1997~2010 年）》等。

五、发展目标和总体布局

（一）发展目标

针对"山、城、田、海"的生态景观格局，构建城区、山区、岗地、平原一体的森林生态网络体系；采用近自然林业经营管理技术模式，定向改造林分，提高森林质量；结合岭南文化加快森林旅游资源开发，发展特色林业产业；建立健全森林安全保障体系，维持持续高效的森林服务功能；建设人与自然和谐，生态环境优美，文化特色鲜明的森林城市，为实现生态城市的发展目标奠定基础。

广州市林业发展总体目标可以概括为：

构筑生态廊道，优化森林网络

发展近自然林，提高资源质量

活跃森林旅游，繁荣特色产业

加强灾害监控，保障森林安全

传承岭南文化，建设森林城市

（二）发展指标

在深入分析广州市林业发展的现状、潜力的基础上，围绕总体目标，参照国内外城市林业建设实践与建设标准，按照前瞻性、科学性、可行性、综合性、针对性等原则，初步确定了森林网络连通度、林水结合度、森林自然度、森林覆盖率、森林蓄积量、林分定向改造率、生态公益林、森林公园、自然保护区（包括自然保护小区）、建成区人均公共绿地、建成区绿地空间占有率、森林火灾控制率等 12 项核心发展指标。

（三）规划布局原则

1. 立足广州市域范围，兼顾珠三角生态圈

林业规划必须着眼整个珠江三角洲地区的生态、经济、社会协调发展，针对广州市域对林业的多种需求，突破行政边界，按照区域生态功能区划进行总体布局，并分区实施。

2. 统筹山水城田海规划，健全森林生态网络

按照广州城市发展山水城田海的空间布局，在秉承"云山珠水"特色的基础上，贯彻生态建设一体化的理念，建设"山城田海，水脉相连"区域一体的森林生态安全格局，为广州生态环境的改善与维持提供长期

而稳定的保障。

3. 遵循生态优先原则，发展特色林业产业

广州的林业建设首先要体现生态优先原则，把建立健康高效的森林生态系统作为首要目标，同时大力发展种苗花卉、森林旅游等特色林业产业，实现"富山富民富行业"的目标。

4. 倡导近自然林模式，突出乡土植被特色

广州的林业发展，要倡导建设近自然林的模式，重视乡土树种的使用和广州地带性植被的恢复。提高森林生态系统的稳定性和景观多样性，促进生物多样性保育。

5. 服务城市发展需求，促进人与自然和谐

广州市林业在定位上要突出服务型林业的特点，把林业建设作为本地区有生命的基础设施建设，为环境建设服务，为经济发展服务，为广州市民服务，为旅游产业服务，为珠江三角洲地区的生态一体化服务。

6. 传承岭南历史文化，彰显花城绿色文明

广州现代林业发展必须与岭南园林文化相结合，与文化古迹保护相结合，加强古树名木和各类名胜区森林的保护。大力发展旅游文化林、纪念林，丰富森林文化内涵，提升文化品位，弘扬绿色文明。

（四）林业发展总体布局

1. 结构布局

根据上述广州林业发展理念和总体规划的基本原则，我们提出如下的广州林业发展的森林资源总体规划结构布局：

——建立以山地森林、平原防护林、城区大型林地为主，片、带、网相连接的生态防护林体系，为广州生态环境的改善提供长期稳定的保障，满足广州城市可持续发展和改善人居环境的需要。

——建设以城市古典园林、名胜古迹、古树名木、森林公园、各类纪念林等为主，人文与森林景观相结合的生态文化林体系，增强人们的环境保护意识，传承广州的历史文化，实现人与自然协调发展。

——形成以特色林果、森林旅游、花卉等优势产业为主，林农、林禽、林药等多种模式相配套的生态产业林体系，拓宽林业富民渠道，稳固生态防护林和生态文化林体系，促进广州包括林业在内的绿色产业发展。

核心是：生态防护林体系，生态文化林体系，生态产业林体系。

2. 空间布局

（1）布局依据：

● 市域综合生态功能区划确定森林目标类型。

● 综合环境质量区划确定防护林布局：重点考虑污染状况、风廊通道、水源保护地需求。

● 综合生态敏感区确定生态保护林布局：主要是地下水源补给区、城乡结合部、城市组团交错区、工矿周边区、山地平原交错带、河流水系沿岸、公路干线两侧、沿海滩涂区等。

● 根据城市潜在发展态势预留生态建设空间：根据广州制定的未来城市发展规划，广州城市发展重点是"南拓北优，东进西联"。"南拓"地区要结合现有地势地貌建设城市功能区之间的生态隔离带，要作好林水结合建设的文章，大力优先建设森林公园、沿江湿地恢复植被带、沿海湿地保护公园等植被建设工程。

● 针对森林生态系统破碎化问题规划建设生态廊道：加大核心林地和湿地的保护建设力度，加大贯通性生物廊道的规划与建设力度。

● 综合考虑社会、历史、文化、美学等需求因素：鉴于目前森林资源主要分布于北部山地，东南部森林相对不足，生态体系功能薄弱，应加强本地林业建设。

（2）布局框架：

以中国森林生态网络体系点、线、面布局理念为指导，按照"林网化 - 水网化"的林水结合规划理念，以城区为核心，以建设生态公益林为重点，结合湿地系统的保护与恢复，全面整合山地、丘陵、岗地森林，道路、水系、沿海各类防护林、花卉果木基地、城区绿地、城镇村庄绿化等多种模式，建立山丘岗地森林为主，各类防护林相辅，生态廊道相连，城镇村庄绿化镶嵌，"一城三地五极七带多点"为一体的森林生态网络体系，实现森林资源空间布局上的均衡、合理配置。

● 一城

是指广州城区的绿化建设，包括天河、白云、萝岗、越秀、荔湾、海珠、黄埔七区。城市绿化建设既是改善城市生态环境，提高人居质量的重要途径，也是最能够体现都市林业特色，提高城市综合实力和国际竞争力的有效举措。包括城市中心区、东部扩展区和南部发展区

- 三地

是指中北部山丘地、中南部丘岗地和南部砂田地的林业建设。中、北部山丘地包括从化、增城、花都、白云等区市以及天河、黄埔部分地区范围内的森林资源保育，是广州城市森林生态系统的主体，是确保广州城市生态安全的基石。中南部丘岗地处于海珠区和沙湾水道之间，城市发展速度快，是生态环境重点保护和建设地带。南部砂田地是指番禺区沙湾水道以南的部分以及南沙区，主要以砂田滩地为主，重点是以河网水系及滨海绿化带、道路绿化带、公园、湿地自然保护区等为架构，把本地区建设成为广州观光生态农业、滨海湿地生态旅游业的地区。

- 五极

是指花都、从化、增城、番禺、南沙五个区市以城区和近郊区为主的绿化建设。根据他们所处的位置不同在建设方向和内容上各有侧重。

- 七带

规划以"山城田海，水脉相连"的自然特征为基础，重点在生态敏感地带构筑主干"区域生态走廊"，建构多层次、多功能、立体化网络式的生态结构体系。区域生态廊道的规划建设不能局限于单一的林或者水的单一概念，而是以林为主，包括林地、农田、果园、水体、园林绿地等多种要素在内的复合生态廊道。主要有北部山前缓冲带、流溪河生态保护带、西部污染控制带、东部湿地恢复带、中部城区隔离带、南部水体净化带和沿海生态屏障带等7条。

- 多点

市域范围内石滩、太平、沙湾、狮岭、江高、新塘、鳌头、石楼、炭步、太和、良口、中新、花东、钟落潭、大岗等已建和规划建设的15个中心镇的绿化建设。通过加强这些地方的造林绿化建设，更好地发挥森林改善城镇生态环境的作用，把广州农村地区建设成为广大市民向往的具有田园风光、环境优美的现代化新型森林网络绿化型城区，以利于实现整个市域协调发展和全面建设小康社会。

3. 建设重点

广州市域按照空间景观特征来看，可以划分成四个区域，即北部山丘区、山前城市区、中部丘岗地区和南部砂田区，从林业规划建设的内容来看，其核心是"三林三园三网三绿"，具体可以表述为：

山区育三林——水源涵养林和水土保持林、风景游憩林、产业原料林，林保生态安全；

丘区造三园——郊野公园、绿海田园、生态果园，园供观光休闲；

滩区织三网——河流林网、道路林网、海防林网，网护鱼米之乡；

城区建三绿——绿岛镶嵌、绿廊相连、绿楔分隔，绿促人居和谐；

在市域绿化上，重点是构建森林生态网络，保障地区之间协调发展和生态一体；在山区绿化上，重点是提高现有森林质量，实现森林生态系统稳定和生物多样；在丘区绿化上，重点是保护生态用地数量，提供城市发展生态空间和观光休闲；在滩区绿化上，重点是优化林网结构布局，建设农林渔绿色产业和鱼米之乡；在城区绿化上，重点是增加城市三维绿量，促进城市生态环境改善和人居和谐。

对于广州市域乃至整个珠江三角洲地区来说，城市可以形成多个组团，产业可以各有优势，但生态建设必须总体协调。通过上述林业发展总体规划的实施，有利于本地区的生态融合，促进实现区域生态一体化，从而为广州乃至整个珠江三角洲地区的可持续发展提供可靠的生态安全保障。

六、林业工程建设规划

围绕上述目标，确定了城区森林建设、山地森林保育、湿地及沿海防护林保护与建设、生态廊道建设、山前生态缓冲带建设、特殊地段植被恢复、森林公园与自然保护区建设、特色林业产业建设、森林灾害防控与森林资源保护能力建设、林业科技创新平台建设等 10 大工程。

上述《概念规划》是对广州林业发展进行的战略性思考，是一个相对长远的发展规划。为了把上述规划落实到具体的工作当中，更好地指导"十一五"时期广州城市林业建设工作，我们又编制广州市"十一五"时期林业发展规划。规划注意了与广州市相关部门规划的衔接，也征询了有关部门和专家的意见。

第二部分 十一五规划

包括以下五个方面：

（1）广州市林业发展现状分析。

（2）指导思想与发展目标。

（3）发展布局。

（4）重点建设工程与投资概算。

（5）保障体系。

一、广州市林业发展现状分析

（一）"十五"期间林业建设回顾

"十五"期间，广州市林业建设取得了很大成绩，有七个方面。

一是"青山绿地"工程建设初战告捷。

二是生态公益林建设力度加大。

三是森林灾害防控水平显著提高。

四是野生动植物得到有效保护。

五是林业产业发展有新的突破。

六是林业科技创新与管理能力不断增强。

七是全民义务植树运动深入开展。

（二）广州林业的发展形势分析

1．林业发展阶段的基本判断

在与国内外城市林业发展水平做深入比较的基础上，准确判断广州林业目前所处的发展阶段，是制定下一步发展目标和工作重点的必要环节。我们对广州林业发展进行了三个方面的比较：

一是与自己纵向比较处于调整布局、提高质量阶段：经过多年来的建设和发展，广州林业已经实现了从以木材生产为主的传统林业向以生态建设为主的现代林业的重大转变。从森林资源的发展方式来看，广州林业已从注重森林数量的增加向更加注重森林质量的提高和布局合理的阶段转变。

二是与国内横向比较处于引领探索阶段：与全国同类城市比较，广州林业在森林总量、经营方式、科技含量、管理机制等方面均处于领先水平。

广州率先在全国实行了生态公益林补偿。在 90 年代就进行了城市林业发展规划的研究，并在生态风景林改造、森林公园建设等方面积累了经验，初步建立了覆盖全市的城市森林生态效益定位研究与监测网络。

三是与国际先进比较处于借鉴赶超阶段：与国际大都市城市森林建设水平相比，还存在着一定的差距，但这种差距正在逐渐缩小。国际上城市森林建设中普遍采用的做法，如林水结合、近自然林经营模式、林业信息化管理技术、生态效益补偿、森林公园建设等先进理念和技术，正在被借鉴应用到广州城市林业建设中来。

2. 制约林业发展的主要矛盾

（1）森林布局优化与城市建设用地调整难度大的矛盾

（2）城市绿化建设一体化与部门管理条块分割的矛盾

（3）森林质量提高与林业科技储备不足的矛盾

随着林业发展战略的转移，以木材培育为主导的传统林业科技成果已不能适应林业发展的要求。

3. 林业未来的发展趋势

（1）森林保障城市生态安全的作用将日益突出。

（2）"林带 + 林区 + 园林"的城市森林格局将呈现特色。

（3）城市林业建设将更加注重"林水结合"。

（4）生态公益林将更多地采用近自然林经营模式。

（5）"3S"等高新技术将成为森林健康的重要支撑。

（三）"十一五"林业面临的机遇与挑战

1. 发展机遇

（1）举办 2010 年"绿色亚运"的迫切要求。2010 年第十六届亚运会将在广州举办。加快广州林业发展，可以促进亚运会的成功举办，带动"绿色广州"、"绿色广东"的建设，使广州乃至广东省在世界上进一步树立良好的形象。

（2）改善珠江三角洲生态环境的必然选择。发展城市森林，创造良好的生态环境，有利于树立珠江三角洲都市带的国际形象，缩小与发达国家城市林业建设的差距，促进区域可持续发展。

（3）雄厚的经济实力为林业发展提供了坚实后盾。

（4）繁荣的旅游市场为林业发展带来了无限契机。随着城市化进程的加快，树多林茂、山青水秀的地区成为市民日益增长的生态消费热点。

（5）政府的高度重视为林业发展提供了有力保障。

2．发展挑战

广州市林业建设一方面面临着难得的发展机遇，另一方面也面临着一些较为严峻的挑战。

（1）生态公益林建设面临诸多困难。

（2）林业建设难度加大，成本提高。

（3）森林灾害防控能力需要进一步加强：主要是森林火灾存在严重隐患，森林防火任务艰巨。松材线虫和外来有害植物控制迫在眉睫。

（4）现行管理体制需要进一步改革和完善：随着城市林业的发展，出现了很多以前林业管理中没有接触到的新问题。需要加强农、林、水、园林、城建、环保、交通、国土资源等部门间协调。

二、指导思想与发展目标

（一）指导思想

"十一五"期间林业发展总体上是按照《概念规划》确定的指导思想，实施生态建设为主的城市林业发展战略，以"建设岭南绿色名城，打造南粤生态家园"为基本理念，以承办2010年亚运会为契机，以林业重点工程为载体，大力保护、培育和合理利用森林资源，构建以森林植被为主体的国土生态安全体系、促进人与自然和谐，推动绿色GDP增长，为"生态广州、绿色亚运"建设提供有力保障。

（二）发展目标

"十一五"期间，是广州林业服务"绿色亚运"，努力提高生态环境建设速度，提升生态环境建设质量的关键时期。通过实施八大林业工程，定向改造低效林25万亩；重点建设森林公园16个；加强2个自然保护区和4个湿地生态区建设。到2010年，使全市林木绿化率达到43.5%以上，森林覆盖率稳定在38%；城区绿化覆盖率增加到40%，人均公共绿地增加到15平方米。加强数字林业信息平台和防火装备建设，增强森林资源安全保障能力，森林火灾受害率控制在0.50‰以下，从而达到健全森林生态网络，提高森林资源质量，壮大森林旅游产业，提高林业现代化水平的目标，为建设"两个适宜"城市和成功举办亚运会奠定生态基础。

（三）指标体系

在深入分析广州市林业发展的现状、潜力的基础上，围绕总体目标，参照国内外城市林业建设实践与建设标准，我们确定了"十一五"期间林业发展指标，包括林水结合度、森林自然度、森林覆盖率、林木绿化率、林分定向改造率、生态公益林、森林公园、森林火灾受害率等 11 项。

这是通过分析、计算综合确定的广州市"十一五"林业发展指标。

三、发展布局

广州市林业发展的布局前面已经介绍，"十一五"期间将在这个布局指导下开展具体的工作。

四、重点建设工程

在《概念规划》指导下，"十一五"期间，以"绿色亚运"为核心，大力发展城市林业，巩固"十五"期间"青山绿地工程"和其他林业建设工程成果，重点完成 8 大林业重点建设工程，其中，以绿色亚运为核心的工程有林带建设与天台绿化工程、森林公园和生态旅游建设工程、湿地及沿海防护林保护与建设工程、生态公益林保育工程；为配合绿色亚运的建设，"十一五"期间，还应加强自然保护区建设和野生动植物保护；建立较为完善的森林灾害防控体系；强化对特色林业产业发展的引导；构建较为完善的林业科技创新平台。具体的建设目标、工程范围、建设内容和技术措施在文本中有详细介绍，这里我就不多讲了。

五、投资概算

"十一五"期间，广州市林业工程建设总投资 30.1 亿元人民币。这是各项工程经费投入、分配比例以及各年度的投入额度。"十一五"期间各年度投资预算及所占比例如下：

2006 年 57146 万元，占 18.9%；

2007 年 64837 万元，占 21.54%；

2008 年 67344 万元，占 22.37%；

2009 年 69042 万元，占 22.94%；

2010 年 42631 万元，占 14.16%。

这是"十一五"林业工程建设投资总额及资金来源构成。具体每项工程的投资情况文本有详细说明。

六、保障体系

（一）建立完善的林业法规体系

根据广州的地方特色和城市林业建设的具体特点，着重推动以下五个方面工作。

（1）继续推动《广州地区义务植树实施办法》的立法工作。

（2）修订《广州市古树名木保护管理办法》。

（3）开展 CO_2 生态税征收管理办法的立法调研工作。

（4）制定和完善广州市城市林业各项建设工程管理的规范性文件。

（5）制定和完善广州市城市绿地规划与保护的规范性文件。

（二）加强林业普法宣传和综合执法工作

积极开展林业法律法规、生态科普的宣传教育工作，做好执法人员培训、群众法律咨询以及法律援助工作，强化林业法律服务，切实维护林农的合法权益。加强林业执法工作，加快林业综合行政执法改革。

（三）建立林业建设目标的各级政府任期责任制

将森林覆盖率，林木绿化率，森林火灾发生率，病虫害成灾率、防治率及监测覆盖率、生态公益林建设等级和林业资金投入的基本保障率等列入同级政府的任期考核目标，实行任期目标管理。

（四）完善资金筹措渠道和投入机制

（1）加大政府资金投入：纳入政府财政预算，政府投入的广州林业建设资金力争3年内达到中等发达国家林业投入水平占GDP1.0%以上。

（2）完善生态公益林补偿机制：在现有补偿机制的基础上，对于生态公益林按照功能等级进行级差管理。

（3）开展碳汇交易：可通过 CO_2 排放权交易制度，开展清洁发展机制（CDM）项目，探索与发达国家在国际市场进行碳汇交易，筹集资金。

（4）逐步探索建立林业生态税的征收与管理办法：积极进行 CO_2 生态税征收管理办法的立法调研工作，争取在广州市率先开展生态税系中 CO_2 等税目征收管理办法的立法试点工作。

同时，吸纳社会力量，发展社区林业。

（五）强化人才队伍建设

（六）加快国有林场改革

（七）完善森林公园建设机制

（八）实施集体林权流转改革，全面推动速生丰产林的快速发展

成立林权登记管理中心和森林资源评估中心，实行林权证动态管理。在丰产林计划单列的基础上，力争 3~5 年将核定的商品林基本按需采伐。

各位领导、各位专家：

广州是一座古老的历史文化名城，又是一座新兴的现代化城市。城市森林是城市生态系统的重要组成部分，是城市有生命的基础设施。充分发挥森林在改善城市光、热、气、水、土等方面的巨大功能，对于保障让城镇居民喝上干净的水，呼吸上清洁的空气，吃上放心的食物，住上舒适的环境，建设和谐城市，具有不可替代的作用。我们相信，通过科学制定和实施广州市林业发展规划，必将更好地发挥林业在改善广州市生态环境当中的作用，为这座美丽而古老的城市注入新的生机，一定会使现代化的广州日新月异变得更加璀璨夺目。

　　谢谢大家！

参考文献
REFERENCE

1. 胡锦涛.坚定不移沿着中国特色社会主义道路前进 为全面建成小康社会而奋斗——在中国共产党第十八次全国代表大会上的报告.北京:人民出版社,2012.

2. 中华人民共和国国院令第526号《汶川地震灾后恢复重建条例》,2008.

3. 中国可持续发展林业战略研究项目组.中国可持续发展林业战略研究.北京:中国林业出版社,2003.

4. 《中共中央 国务院关于加快林业发展的决定》,2003.

5. 江泽慧.世界竹藤.沈阳:辽宁科学技术出版社,2000.

6. 江泽慧,等.中国现代林业.北京:中国林业出版社,1995.

7. 江泽慧.加快城市森林建设,走生态化城市发展道路.中国城市林业,2003,1(1):4~11.

8. 彭镇华.中国城市森林.北京:中国林业出版社,2003.

9. 彭镇华.中国城乡乔木.北京:中国林业出版社,2003.

10. 彭镇华.林网化与水网化——中国城市森林建设的核心理念,中国城市林业,2003,1(2):4~12.

11. 彭镇华.乔木在城市森林建设中的空间效益,中国城市林业,2004,2(3):1~7.

12. 彭镇华.中国森林生态网络系统工程.应用生态学报,1999(10).

13. 彭镇华.上海现代城市森林发展研究.北京:中国林业出版社,2003.

14. 彭镇华,王成.论城市森林的评价指标.中国城市林业,2003,1(3):4~9.

15. 王成,彭镇华,陶康华.中国城市森林的特点及发展思考.生态学杂志,2004,23(3).

16. 王成.城镇不同类型绿地生态功能的对比分析,东北林业大学学报,2002,3:111~114.

17. 沈国舫.对世界造林发展新趋势的几点看法.世界林业研究,1988,1(1):21~27.

18. 黄鹤羽.我国林业科技的发展趋势与对策.世界林业研究,1997,(1):43~51.

19. 黄鹤羽,盛炜彤.我国人工林地力衰退现状与对策.中国林业,1994(8):35~36.

20. 沈照仁,人工造林与持续经营.世界林业研究,1994,7(4):8~13.

21. 中华人民共和国林业部林业区划办公室.中国林业区划.北京:中国林业出版社,1987.

22. 张建国,吴静和.现代林业论.北京:中国林业出版社,1996.

23. 陈廉. 揭开林业税费过重神秘面纱. 中国林业, 1999, 5.

24. 陈晓倩. 论林业可持续发展中的资金运行机制. 北京: 中国林业出版社, 2002.

25. 陈幸良. 国家机构改革的基本取向与林业行政体系的建立. 林业经济, 2003, 2, 49~51.

26. 张颖. 循环经济与绿色核算. 北京: 中国林业出版社, 2006.

27. 郝燕湘. 中国林业产业发展方向及政策要点. 中国林业产业, 2005.

28. 杜彦坤. 我国农林业企业管理创新的战略构想. 调研世界, 2001, 21~24.

29. 国家林业局. 林业经济统计资料汇编. 北京: 中国林业出版社, 2003.

30. 洪菊生, 王豁然. 世界林木遗传、育种和改良的研究进展和动向. 世界林业研究, 1991, 4（3）: 7~11.

31. 侯元兆. 国外林业行政机构现状及演变趋势. 世界林业研究, 1998, 1: 1~6.

32. 胡慧璋. 淳安新安江水库集水区最佳森林覆盖率的探讨. 浙江林业科技, 1988, （2）.

33. 黄枢. 城市绿化的主要目标应是改善生态环境. 中国花卉园艺, 2002, （15）: 14~16.

34. 黄晓驾, 张国强, 王书耕, 等. 城市生存环境绿色量值群的研究. 中国园林, 1998, （1~6）.

35. 姜东涛. 城市森林与绿地面积的研究. 东北林业大学学报, 2001, 29（1）: 69~73.

36. 兰思仁. 试论森林旅游业与社会林业的发展. 林业经济问题, 2000, 3.

37. 李坚, 刘君良, 刘一星. 高温水蒸气处理固定木材压缩变形的研究. 东北林业大学学报, 2000, （4）11~15.

38. 刘德弟, 沈月琴, 李兰英. 市场经济下林业社会化服务体系建设研究. 技术经济, 2001, （2）.

39. 刘君良, 江泽慧. 酚醛树脂处理杨树木材物理力学性能测试. 林业科学, 2002, 38, （4）.

40. 吕士行, 方升佐, 徐锡增. 杨树定向培育技术. 北京: 中国林业出版社, 1997.

41. 桂来庭. 从我国的城市化看我国城市森林的发展. 中南林业调查规划. 1995, （4）: 24~31.

42. 肖正泽. 林业科技推广的保障机制与激励机制初探. 湖南林业科技, 2001, 23, （3）: 83~84.

43. 徐益良, 林雅秋, 林宇, 等. 21世纪福建林业产业发展趋势与结构调整. 林业经济问题, 2001, 4.

44. 杨一波. 加入WTO后林业行政行为的思考. 湖南林业, 2000, 9: 13~14.

45. 张守攻, 朱春全, 肖文发, 等. 森林可持续经营导论. 北京: 中国林业出版社, 2001.

46. 张金池, 胡海波. 水土保持及防护林. 北京: 中国林业出版社, 1996.

47. 曾华锋, 王晓南. 江苏省森林生态系统多元化融资渠道及政策研究. 林业经济, 2001, 7~9.

48. 翟丽红, 杨艺. 关于促进我国第三产业发展的战略思考. 长春师范学院学报, 2002, 6.

附图1

广州市森林资源现状图

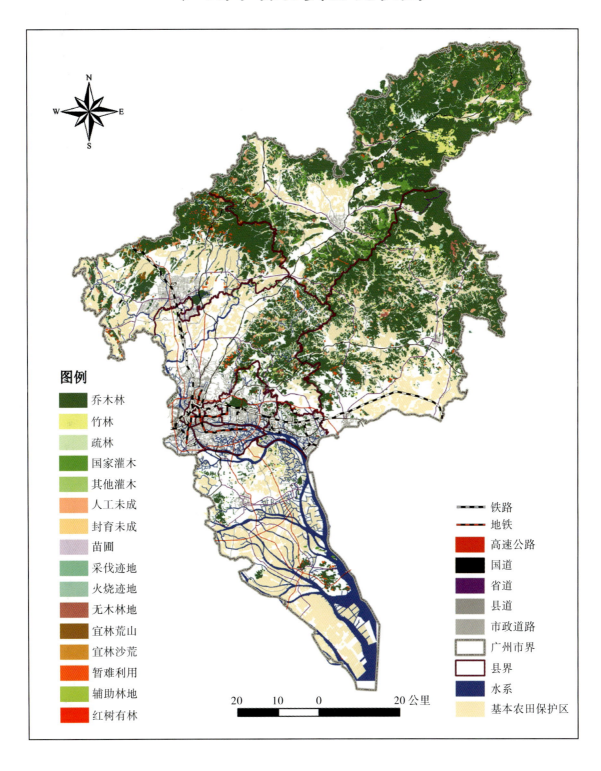

图例

乔木林
竹林
疏林
国家灌木
其他灌木
人工未成
封育未成
苗圃
采伐迹地
火烧迹地
无木林地
宜林荒山
宜林沙荒
暂难利用
辅助林地
红树有林

铁路
地铁
高速公路
国道
省道
县道
市政道路
广州市界
县界
水系
基本农田保护区

20　　10　　0　　　　20公里

附图2

广州生态功能区划（一级）

一级区划
Ⅰ 东北部中低山地生态区
Ⅱ 中部丘陵台地生态区
Ⅲ 中南部平原生态区
Ⅳ 南部河口生态区

附图3

广州市生态敏感性综合评价（1）

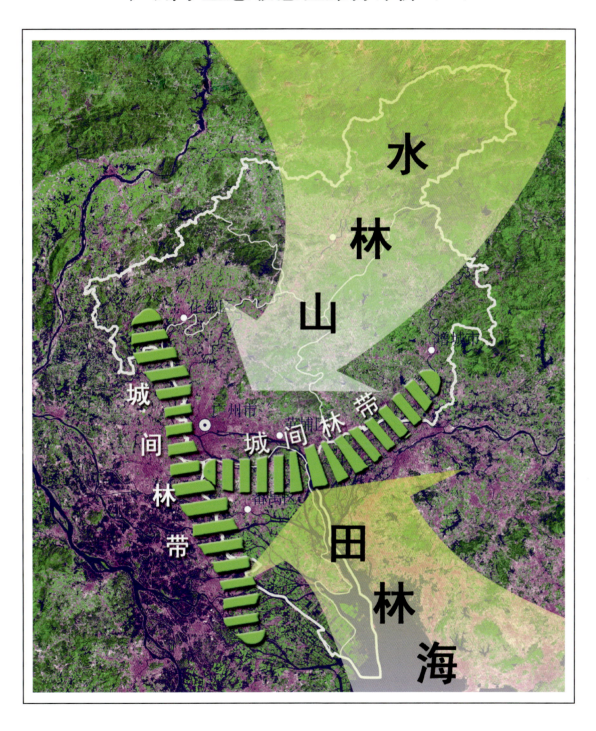

附图4

广州市生态敏感性综合评价（2）

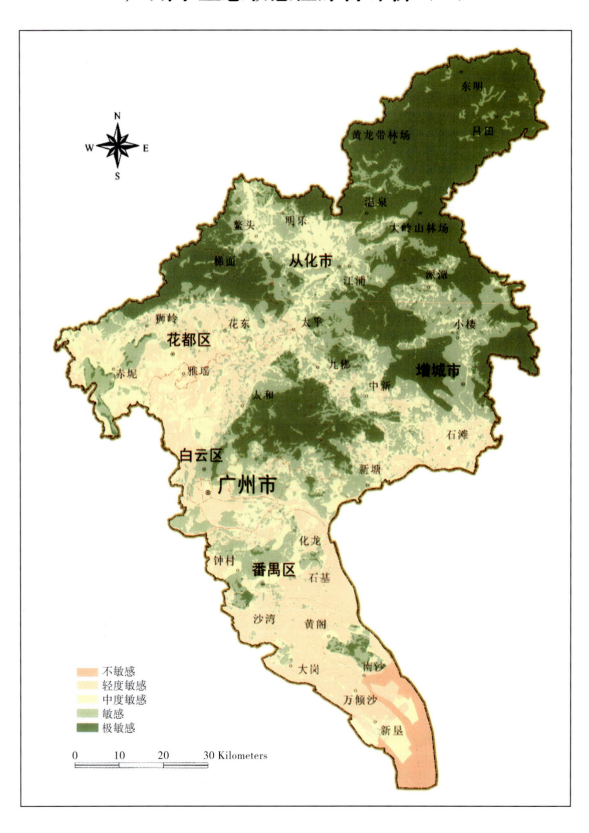

附图5

广州市土地利用现状图（1990）

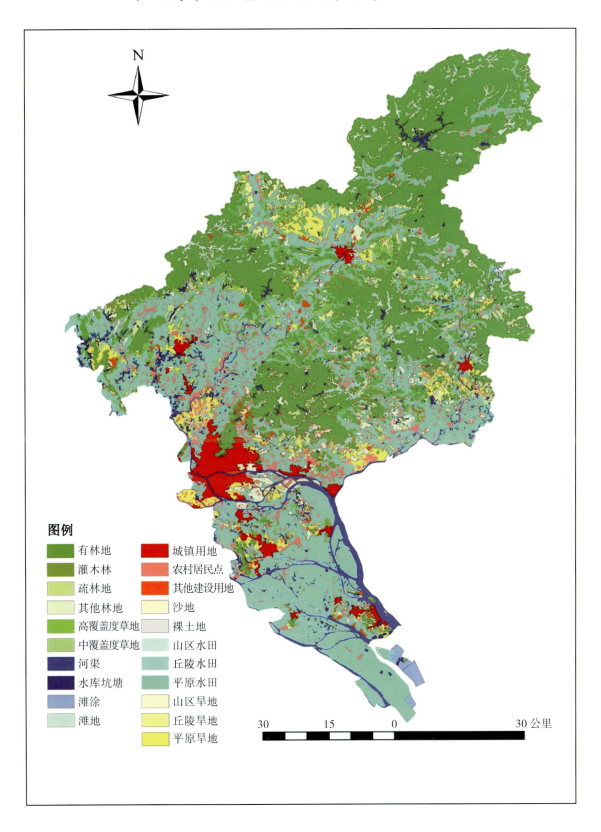

图例

有林地	城镇用地
灌木林	农村居民点
疏林地	其他建设用地
其他林地	沙地
高覆盖度草地	裸土地
中覆盖度草地	山区水田
河渠	丘陵水田
水库坑塘	平原水田
滩涂	山区旱地
滩地	丘陵旱地
	平原旱地

30　　　　15　　　　0　　　　　　30公里

附图6

广州市土地利用现状图（2000）

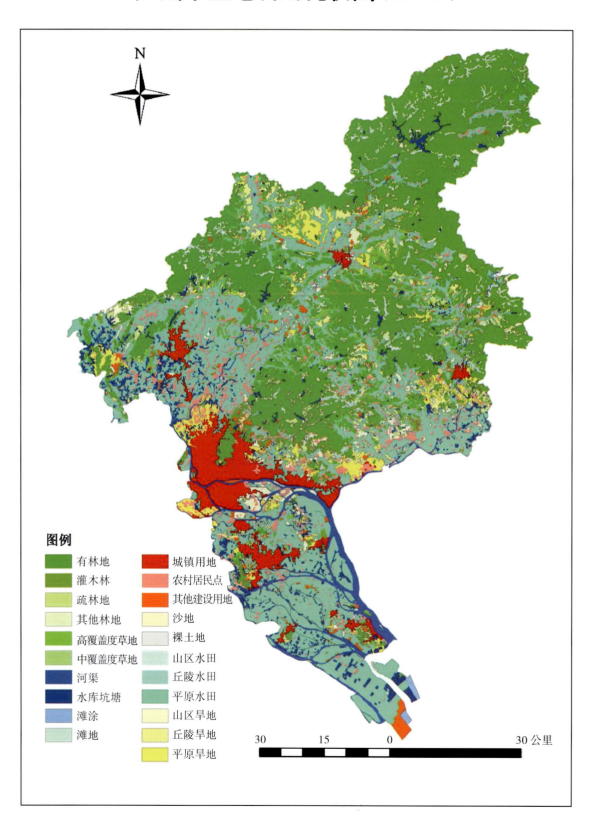

图例

有林地		城镇用地	
灌木林		农村居民点	
疏林地		其他建设用地	
其他林地		沙地	
高覆盖度草地		裸土地	
中覆盖度草地		山区水田	
河渠		丘陵水田	
水库坑塘		平原水田	
滩涂		山区旱地	
滩地		丘陵旱地	
		平原旱地	

30   15   0   30公里

附图7

广州城市林业发展规划示意图

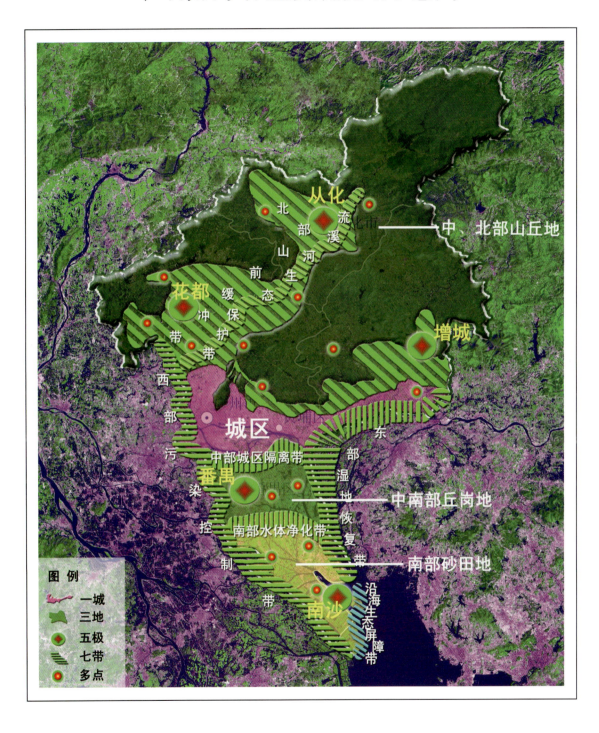

图例

一城
三地
五极
七带
多点

附图8

林带与村镇绿色家园建设工程（村镇）

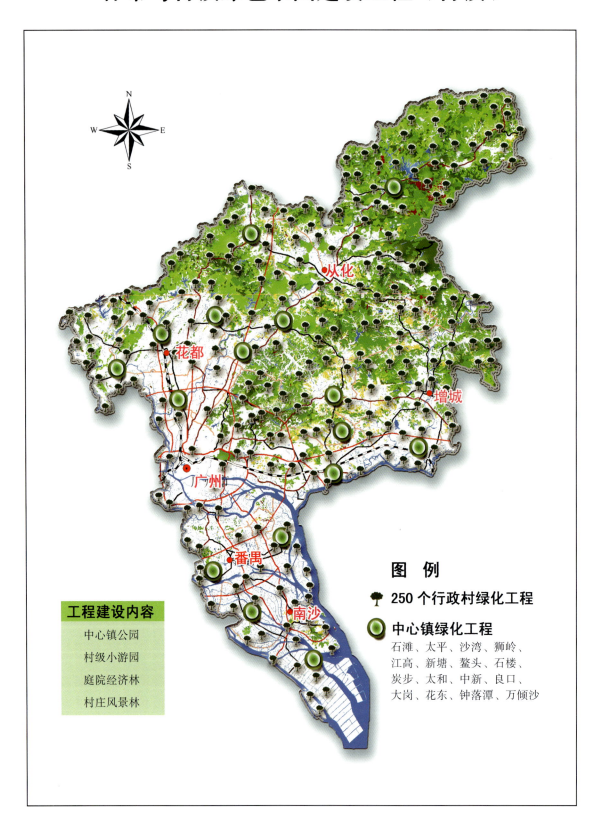

图 例

🌳 250 个行政村绿化工程

◎ 中心镇绿化工程

石滩、太平、沙湾、狮岭、
江高、新塘、鳌头、石楼、
炭步、太和、中新、良口、
大岗、花东、钟落潭、万顷沙

工程建设内容

中心镇公园

村级小游园

庭院经济林

村庄风景林

附图9

林带与村镇绿色家园建设工程（林带）

林带建设工程：

1 街东高速公路
2 街北高速公路
3 机场高速北延线二期
4 北三环高速公路
5 西二环高速公路
6 华南西路
7 广汕路延长线
8 增莞高速公路
9 广园东四期
10 广惠高速增城段
11 广深高速公路
12 新光快速路

13 珠江两岸风景林带
14 东二环高速
15 广明高速
16 南大快线
17 广珠东线高速公路
18 沙湾干线
19 南二环高速公路
20 沙湾水道
21 大夫山快速
22 黄榄干线
23 番禺中部快线

附图10

森林公园与生态旅游建设工程

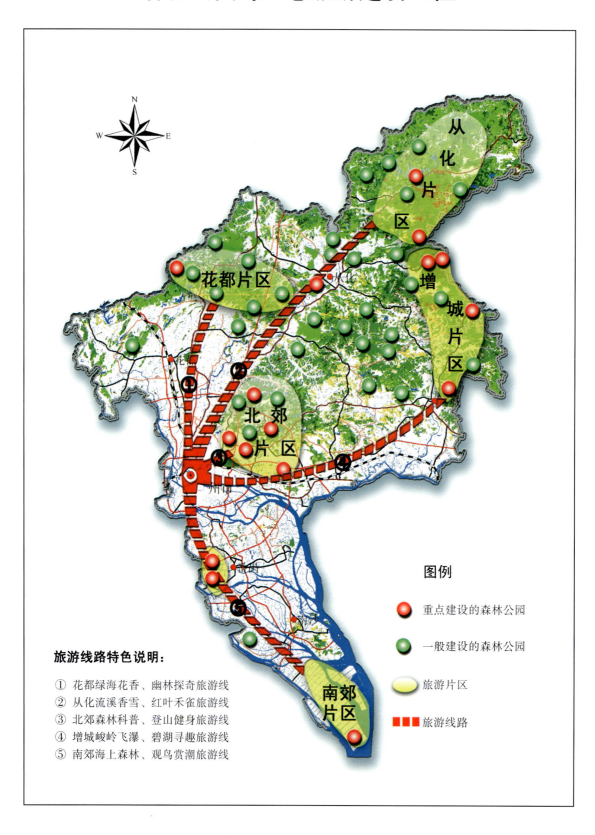

北郊片区

花都片区

从化片区

增城片区

南郊片区

图例

● 重点建设的森林公园

● 一般建设的森林公园

⬭ 旅游片区

▰▰▰ 旅游线路

旅游线路特色说明：

① 花都绿海花香、幽林探奇旅游线
② 从化流溪香雪、红叶禾雀旅游线
③ 北郊森林科普、登山健身旅游线
④ 增城峻岭飞瀑、碧湖寻趣旅游线
⑤ 南郊海上森林、观鸟赏潮旅游线

附图11

湿地与沿海防护林保护与建设工程

图例

🔴 红树林滩涂湿地生态修复区

序号说明：
① 流溪河平原水网区
② 增江平原水网区
③ 南部平原水网区
④ 大学城濒水湿地
⑤ 南沙新城濒水湿地
⑥ 南沙湿地森林公园
⑦ 新造、莲花山红树林营造区
⑧ 沿海防护林营建区

附图12

生态公益林保育工程

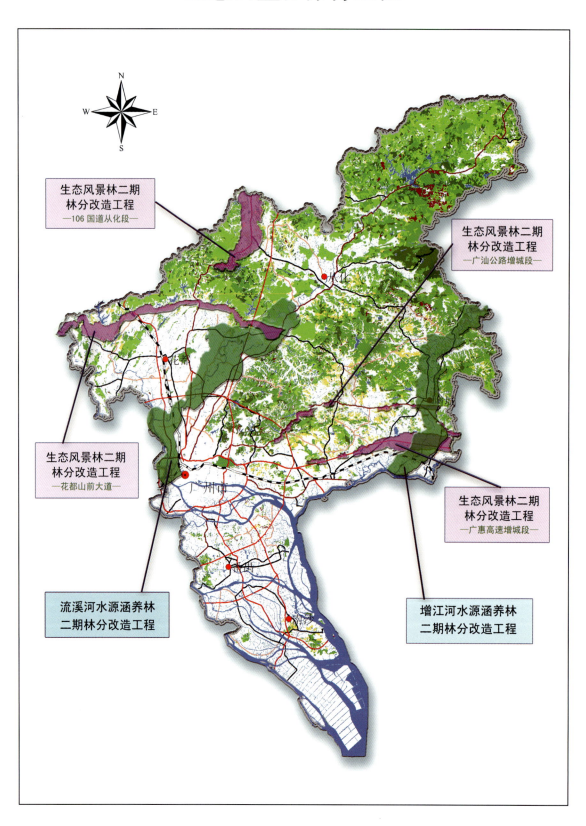

附图13

自然保护区建设与野生动植物保护工程

图例

🔴 自然保护区

✚ 野生动物救护繁育中心

野生珍稀濒危植物
迁地保存繁育基地

① 五指山自然保护区
市级　面积 1522 公顷
建设内容：勘界、科考、总
规、保护站、界牌界桩、保
护设备、巡护设备、林分改
造等

② 陈禾洞自然保护区
省级　面积 7054 公顷
建设内容：管理处、保护站、
界牌界桩、保护设备、巡护
设备、宣教中心、标本馆、
生态旅游设施、林分改造等

③ 温泉自然保护区
市级　面积 2787 公顷
建设内容：保护站、界牌界
桩、保护设备、巡护设备、
林分改造等

附图14

特色林业产业工程布局图

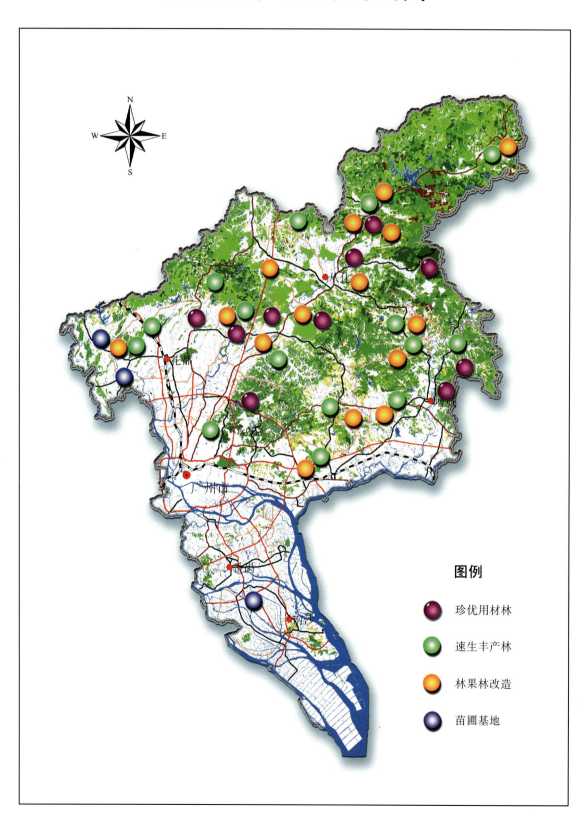

图例

珍优用材林

速生丰产林

林果林改造

苗圃基地

国家林业局重点出版工程　国家出版基金资助项目

"十二五"国家重点图书出版规划项目——中国森林生态网络体系建设出版工程

▦ 内容简介

党的十八大把生态文明建设放在突出地位，将生态文明建设提高到一个前所未有的高度，并提出建设美丽中国的目标，通过大力加强生态建设，实现中华疆域山川秀美，让我们的家园林荫气爽、鸟语花香，清水常流、鱼跃草茂。

2002年，在中央和国务院领导亲自指导下，中国林业科学研究院院长江泽慧教授主持《中国可持续发展林业战略研究》，从国家整体的角度和发展要求提出生态安全、生态建设、生态文明的"三生态"指导思想，成为制定国家林业发展战略的重要内容。国家科技部、国家林业局等部委组织以彭镇华教授为首的专家们开展了"中国森林生态网络体系工程建设"研究工作，并先后在全国选择25个省(自治区、直辖市)的46个试验点开展了试验示范研究,按照"点"(北京、上海、广州、成都、南京、扬州、唐山、合肥等)"线"(青藏铁路沿线，长江、黄河中下游沿线，林业血防工程及蝗虫防治等)"面"(江苏、浙江、安徽、湖南、福建、江西等地区)理论大框架，面对整个国土合理布局，针对我国林业发展存在的问题，直接面向与群众生产、生活，乃至生命密切相关的问题;将开发与治理相结合，及科研与生产相结合，摸索出一套科学的技术支撑体系和健全的管理服务体系,为有效解决"林业惠农""既治病又扶贫"等民生问题，优化城乡人居环境，提升国土资源的整治与利用水平，促进我国社会、经济与生态的持续健康协调发展提供了有力的科技支撑和决策支持。

"中国森林生态网络体系建设出版工程"是"中国森林生态网络体系工程建设"等系列研究的成果集成。按国家精品图书出版的要求，以打造国家精品图书，为生态文明建设提供科学的理论与实践。其内容包括系列研究中的中国森林生态网络体系理论，我国森林生态网络体系科学布局的框架、建设技术和综合评价体系，新的经验，重要的研究成果等。包含各研究区域森林生态网络体系建设实践，森林生态网络体系建设的理念、环境变迁、林业发展历程、森林生态网络建设的意义、可持续发展的重要思想、森林生态网络建设的目标、森林生态网络分区建设;森林生态网络体系建设的背景、经济社会条件与评价、气候、土壤、植被条件、森林资源评价、生态安全问题;森林生态网络体系建设总体规划、林业主体工程规划等内容。这些内容紧密联系我国实际，是国内首次以全国国土区域为单位，按照点、线、面的框架，从理论探索和实验研究两个方面，对区域森林生态网络体系建设的规划布局、支撑技术、评价标准、保障措施等进行深入的系统研究;同时立足国情林情，从可持续发展的角度，对我国林业生产力布局进行科学规划，是我国森林生态网络体系建设的重要理论和技术支撑，为圆几代林业人"黄河流碧水，赤地变青山"梦想，实现中华民族的大复兴。

作者简介

彭镇华教授，1964年7月获苏联列宁格勒林业技术大学生物学副博士学位。现任中国林业科学研究院首席科学家、博士生导师。国家林业血防专家指导组主任，《湿地科学与管理》《中国城市林业》主编，《应用生态学报》《林业科学研究》副主编等。主要研究方向为林业生态工程、林业血防、城市森林、林木遗传育种等。主持完成"长江中下游低丘滩地综合治理与开发研究"、"中国森林生态网络体系建设研究"、"上海现代城市森林发展研究"等国家和地方的重大及各类科研项目30余项，现主持"十二五"国家科技支持项目"林业血防安全屏障体系建设示范"。获国家科技进步一等奖1项，国家科技进步二等奖2项，省部级科技进步奖5项等。出版专著30多部，在《Nature genetics》、《BMC Plant Biology》等杂志发表学术论文100余篇。曾荣获首届梁希科技一等奖，2001年被授予九五国家重点攻关计划突出贡献者称号，2002年被授予"全国杰出专业人才"称号。2004年被授予"全国十大科技英才"称号。